人工智能专业教材丛书
国家新闻出版改革发展项目库入库项目
高等院校信息类新专业规划教材

智能网联驾驶技术及应用

朱孔林　张　琳　王易之　石　勇　编著

北京邮电大学出版社
www.buptpress.com

内 容 简 介

本书顺应智能网联驾驶技术及应用的发展方向，从智能化和网联化两个维度对自动驾驶技术及其应用进行介绍和分析。本书从智能网联驾驶的概念及关键技术入手，对智能网联驾驶技术的定义和发展历程、车路协同的自动驾驶感知技术、车联网通信技术以及车路信息交互技术等开展了详细的分析与讨论。此外，本书还介绍了智能网联驾驶在碰撞预警、交叉路口预警和盲区预警等不同场景的应用及其算法。最后，本书将智能网联驾驶的关键技术和其在不同场景的应用以实验的形式介绍给读者，帮助读者理解和学习相关技术及应用。

本书既可以作为从事智能网联驾驶相关研究和开发人员的参考用书，也可以作为大专院校计算机、通信、人工智能、智能交通等相关专业的本科生和研究生教材。

图书在版编目(CIP)数据

智能网联驾驶技术及应用 / 朱孔林等编著. -- 北京：北京邮电大学出版社，2023.8
ISBN 978-7-5635-7021-8

Ⅰ. ①智… Ⅱ. ①朱… Ⅲ. ①汽车－智能通信网－自动驾驶系统 Ⅳ. ①U463.67

中国国家版本馆 CIP 数据核字(2023)第 161809 号

策划编辑：姚　顺　刘纳新　　责任编辑：王小莹　　责任校对：张会良　　封面设计：七星博纳

出版发行：北京邮电大学出版社
社　　址：北京市海淀区西土城路 10 号
邮政编码：100876
发 行 部：电话：010-62282185　传真：010-62283578
E-mail：publish@bupt.edu.cn
经　　销：各地新华书店
印　　刷：唐山玺诚印务有限公司
开　　本：787 mm×1 092 mm　1/16
印　　张：11
字　　数：272 千字
版　　次：2023 年 8 月第 1 版
印　　次：2023 年 8 月第 1 次印刷

ISBN 978-7-5635-7021-8　　　　　　　　　　　　　　　　　　　　定价：39.00 元

· 如有印装质量问题，请与北京邮电大学出版社发行部联系 ·

前言

　　智能网联驾驶是将智能驾驶和网联驾驶进行深度融合而形成的高等级无人驾驶技术。智能化和网联化互为补充,可实现更加安全高效的无人驾驶,在一定程度上解决单车自动驾驶在感知、决策和控制等方面的问题。智能网联驾驶作为高等级无人驾驶的必要手段,受到了学术界和工业界的广泛关注。然而,针对智能网联驾驶进行系统介绍、分析和实践的教学书籍较少。本书正是顺应智能网联驾驶技术及应用的发展方向,从智能网联驾驶的概念、发展历程以及感知、通信与信息交互等关键技术入手,系统介绍了智能网联驾驶在碰撞预警、交叉路口预警预警和盲区预警等不同场景的应用及其算法,并通过实验帮助读者理解和学习相关技术及应用。

　　全书共7章。本书的每一章都包含智能网联驾驶相关的原理和技术以及相应实践,在原理和技术方面具有一定的专业性和前瞻性,同时兼顾技术实践。第1章是智能网联驾驶技术概述,简要介绍了智能网联驾驶的基本概念、技术等级和发展趋势,以及智能网联驾驶系统认知台架实验。第2章是智能网联驾驶感知技术,重点阐述了智能网联驾驶中的环境感知任务、环境感知传感器、环境感知方法以及智能网联驾驶路侧感知实验。第3章是智能网联驾驶无线通信技术,主要介绍了智能网联驾驶无线通信技术、专用短程通信技术和基于蜂窝网络的车联网通信技术以及智能网联驾驶无线通信设备,以及智能网联驾驶无线通信台架实验。第4章是智能网联驾驶交互消息,重点针对智能网联应用场景和基础消息的定义与格式进行了介绍,并结合实验进行了智能网联消息应用实践。第5章是智能网联驾驶碰撞预警应用,主要介绍了前向碰撞预警等碰撞预警类应用的定义、主要场景、基本原理和算法实现,并结合碰撞预警实验对此类应用进行了实践。第6章是智能网联驾驶信号灯路口场景应用,重点介绍了绿波车速引导、闯红灯预警等路口类应用的定义、应用场景、基本原理和算法实现,并进行了路口类应用实验。第7章是智能网联驾驶交通事件场景应用,主要阐述了限速预警、紧急车辆提醒等交通事件场景类应用的定义、主要场景、基本原理和算法实现,并结合相应的交通事件场景实验对此类应用进行了实践。限于篇幅,本书未能对智能网联驾驶的相关技术和应用介绍得非常全面和详尽,有兴趣的读者可以通过查阅相关资料进一步进行学习。

本书由北京邮电大学联合北京星云互联科技有限公司共同完成,在编写过程中得到来自北京邮电大学的老师、学生和北京星云互联科技有限公司的多位专家的支持,包括张广岐、谷健、吴煊俚、王奇、任家旺、巨旭华、祁相龙、庄思远、张颖、汪佳兴等,作者谨在此向他们致以深深的谢意。

在本书编写过程中,作者参阅了大量的文献资料,从中得到了许多有益的启示和帮助,在此向这些文献的作者表示衷心的感谢。

由于编写时间短,作者水平有限,本书难免有疏漏和不足之处,恳请各位同行和读者批评指正。

作　者

目 录

第1章 智能网联驾驶技术概述 1
- 1.1 智能网联驾驶的基本概念 1
  - 1.1.1 单车智能驾驶 1
  - 1.1.2 车联网 3
  - 1.1.3 智能网联驾驶 6
- 1.2 智能网联驾驶的技术等级 6
  - 1.2.1 自动驾驶分级 7
  - 1.2.2 网联驾驶分级 9
- 1.3 智能网联驾驶的发展趋势 12
  - 1.3.1 国外智能网联驾驶的发展趋势 12
  - 1.3.2 国内智能网联驾驶的发展趋势 13
- 1.4 智能网联驾驶系统认知台架实验 16
  - 1.4.1 实验目的 16
  - 1.4.2 实验内容 16
- 思考题 20

第2章 智能网联驾驶感知技术 21
- 2.1 环境感知的任务 21
- 2.2 环境感知传感器 23
  - 2.2.1 超声波雷达 23
  - 2.2.2 毫米波雷达 25
  - 2.2.3 激光雷达 27
  - 2.2.4 视觉传感器 30
  - 2.2.5 环境感知传感器性能的比较 33
- 2.3 典型的环境感知方法 34
- 2.4 智能网联协同环境感知方法 38
  - 2.4.1 融合感知的定义和分类 38

    2.4.2 联合感知的定义和分类 ……………………………………………… 40
    2.4.3 协同感知的挑战 ………………………………………………………… 42
  2.5 智能网联驾驶路侧感知实验 …………………………………………………… 42
    2.5.1 实验目的 ……………………………………………………………… 42
    2.5.2 实验原理 ……………………………………………………………… 43
    2.5.3 实验内容 ……………………………………………………………… 44
  思考题 …………………………………………………………………………… 47

第3章 智能网联驾驶无线通信技术 ………………………………………………… 48
  3.1 智能网联驾驶无线通信技术概述 ……………………………………………… 48
    3.1.1 无线通信技术介绍 …………………………………………………… 48
    3.1.2 通信技术的指标和测试方法 ………………………………………… 52
  3.2 LTE-V2X 技术 ……………………………………………………………… 55
    3.2.1 LTE-V2X 技术的定义及架构 ……………………………………… 55
    3.2.2 LTE-V2X 的关键技术 ……………………………………………… 57
    3.2.3 LTE-V2X 与 DSRC 的对比 ………………………………………… 61
  3.3 5G-V2X 技术 ……………………………………………………………… 62
    3.3.1 5G-V2X 技术的定义与架构 ……………………………………… 62
    3.3.2 5G-V2X 的关键技术 ………………………………………………… 64
    3.3.3 5G-V2X 与 LTE-V2X 的对比 ……………………………………… 67
  3.4 智能网联驾驶无线通信设备 …………………………………………………… 68
    3.4.1 车载通信单元 ………………………………………………………… 69
    3.4.2 路侧通信单元 ………………………………………………………… 70
  3.5 智能网联驾驶无线通信台架实验 ……………………………………………… 71
    3.5.1 实验目的 ……………………………………………………………… 71
    3.5.2 实验原理 ……………………………………………………………… 71
    3.5.3 实验内容 ……………………………………………………………… 73
  思考题 …………………………………………………………………………… 76

第4章 智能网联驾驶交互消息 ……………………………………………………… 77
  4.1 智能网联应用场景 ……………………………………………………………… 77
    4.1.1 第一阶段应用场景 …………………………………………………… 78
    4.1.2 第二阶段应用场景 …………………………………………………… 78
    4.1.3 基于车路协同的高等级自动驾驶应用 ……………………………… 79
  4.2 智能网联基础消息的定义与格式 ……………………………………………… 80
    4.2.1 消息层数据集的构成 ………………………………………………… 80
    4.2.2 消息体种类 …………………………………………………………… 81

	4.3 智能网联消息台架实验	93
	4.3.1 实验目的	93
	4.3.2 实验原理	93
	4.3.3 实验内容	93
思考题		99

第5章 智能网联驾驶碰撞预警应用 ... 100

5.1	碰撞预警场景介绍	100
5.2	前向碰撞预警技术	101
	5.2.1 前向碰撞预警的定义	101
	5.2.2 前向碰撞预警的主要场景	101
	5.2.3 前向碰撞预警的基本原理与算法实现	102
5.3	交叉路口碰撞预警技术	105
	5.3.1 交叉路口碰撞预警的定义	105
	5.3.2 交叉路口碰撞预警的主要场景	105
	5.3.3 交叉路口碰撞预警的基本原理与算法实现	106
5.4	紧急刹车预警技术	109
	5.4.1 紧急刹车预警的定义	109
	5.4.2 紧急刹车预警的主要场景	109
	5.4.3 紧急刹车预警的基本原理与算法实现	110
5.5	盲区预警/变道预警技术	113
	5.5.1 盲区预警/变道预警的定义	113
	5.5.2 盲区预警/变道预警的主要场景	113
	5.5.3 盲区预警/变道预警的基本原理与算法实现	114
5.6	碰撞预警应用台架实验	117
	5.6.1 实验目的	117
	5.6.2 实验原理	117
	5.6.3 实验内容	119
思考题		125

第6章 智能网联驾驶信号灯路口场景应用 ... 126

6.1	信号灯路口场景介绍	126
6.2	绿波车速引导技术	127
	6.2.1 绿波车速引导的定义	127
	6.2.2 绿波车速引导的主要场景	127
	6.2.3 绿波车速引导的基本工作原理与算法实现	127
6.3	闯红灯预警技术	131

6.3.1 闯红灯预警的定义 …… 131
6.3.2 闯红灯预警的主要场景 …… 131
6.3.3 闯红灯预警的基本原理与算法实现 …… 132
6.4 信号灯路口场景应用台架实验 …… 135
6.4.1 实验目的 …… 135
6.4.2 实验原理 …… 135
6.4.3 实验内容 …… 136
思考题 …… 141

第7章 智能网联驾驶交通事件场景应用 …… 142
7.1 交通事件场景介绍 …… 142
7.2 限速预警技术 …… 143
7.2.1 限速预警的定义 …… 143
7.2.2 限速预警的主要场景 …… 143
7.2.3 限速预警的基本工作原理与算法实现 …… 143
7.3 紧急车辆提醒技术 …… 145
7.3.1 紧急车辆提醒的定义 …… 145
7.3.2 紧急车辆提醒的主要场景 …… 145
7.3.3 紧急车辆提醒的基本工作原理与算法实现 …… 145
7.4 道路危险状况提示技术 …… 147
7.4.1 道路危险状况提示的定义 …… 147
7.4.2 道路危险状况提示的主要场景 …… 148
7.4.3 道路危险状况提示的基本工作原理与算法实现 …… 148
7.5 前方拥堵提醒技术 …… 150
7.5.1 前方拥堵提醒的定义 …… 150
7.5.2 前方拥堵提醒的主要场景 …… 150
7.5.3 前方拥堵提醒的基本工作原理与算法实现 …… 150
7.6 交通事件场景应用台架实验 …… 152
7.6.1 实验目的 …… 152
7.6.2 实验原理 …… 152
7.6.3 实验内容 …… 156
思考题 …… 161

参考文献 …… 162

缩略语 …… 165

第1章
智能网联驾驶技术概述

智能网联驾驶
技术概述

截至2022年年底,中国机动车保有量达4.17亿辆,机动车驾驶人数超5亿人[1],中国机动车驾驶人数量逐年攀升。随着机动车保有量和机动车驾驶人数的增加,能源短缺、环境污染、交通拥堵等现象日益严重,成为汽车产业可持续健康发展的限制因素,其中交通拥堵已经成为城市迫切需要解决的难题之一。

智能网联驾驶技术指有机联合车联网与智能车,搭载先进的车载传感器、控制器、执行器等装置,并融合现代通信与网络技术,实现车与人、车、路、平台等智能信息的交换共享,以及安全、舒适、节能、高效的行驶,并最终可替代人来操作的新一代汽车技术。智能网联驾驶技术是解决汽车社会面临的交通安全、道路拥堵、能源消耗、环境污染等问题的重要手段,代表着汽车工业未来的发展方向。近年来,智能网联驾驶技术发展迅速,相关理论和标准被提出,本章将介绍智能网联驾驶的基本概念、技术等级、发展趋势,以及智能网联驾驶认知台架实验。

1.1 智能网联驾驶的基本概念

智能网联驾驶是指在单车智能的基础上借助于无线通信网络技术进行更加网联化的驾驶,旨在实现更加安全高效的无人驾驶[2]。从发展方向来看,智能网联驾驶经历了从单车智能驾驶和网联驾驶齐头并进发展,到二者深度融合成智能网联驾驶的过程,如图1.1所示。本节将从单车智能驾驶、车联网和智能网联驾驶3个方面详细介绍。

1.1.1 单车智能驾驶

单车智能驾驶是通过搭载先进传感系统、决策系统、执行系统,运用信息通信、互联网、大数据、云计算、人工智能等新技术,具有部分或完全自动驾驶功能,由单纯的交通运输工具逐步向智能移动空间转变的新一代驾驶技术[3],如图1.2所示。单车智能驾驶即通过车辆本身的传感器获取外界信息,通过算法进行处理,自主控制车辆行驶。单车智能驾驶主要通过以下3个部分实现:①通过环境感知解决在哪(定位)和周围有什么(感知)的问题;②通过预测规划解决周围的交通参与者要做什么(预测)和应该往哪走(规划)的问题;③通过车辆控制解决控制车辆行驶在规划的路线上(控制)的问题。

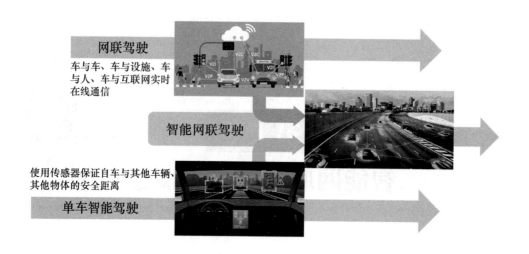

图1.1 智能网联驾驶的发展方向

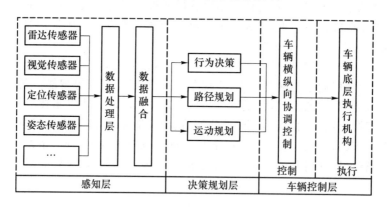

图1.2 智能汽车的层次架构

感知层的功能是感知和通信,即感知车辆、感知环境,以及告诉系统所处的位置,周围的环境是什么。目前,感知层主要是采用传感器技术,它是自动驾驶车的"眼睛"和"耳朵",包含了激光雷达、毫米波雷达、摄像头、超声波传感器、高精度定位、高精度地图等技术。感知系统依赖来自传感器的大量数据,进而实现对车辆自身运动状态的感知、路面信息(比如车道线)的提取、对周围障碍物(比如行人、车辆等)的检测。这些各种各样的传感器包括摄像头、毫米波雷达、激光雷达、超声波雷达、红外夜视等。每种类型的感知技术都有自己的优势和劣势,它们相互进行充分的信息融合,最终形成全面可靠的感知数据供决策与控制系统使用。

决策规划层就是在车辆获取感知数据后,会针对数据进行分析、决策和预测,解决系统该对环境做出什么反应、预测之后可能会发生什么情况的问题。自动驾驶汽车在进行决策规划时,会从环境感知模块中获取道路拓扑结构信息、实时交通信息、其他交通参与者(如行人、车辆、障碍物等)信息和主车自身的状态信息等内容。结合以上这些信息,决策规划系统会对当前环境做出分析,然后对底层控制执行模块下达指令,这一过程就是决策规划层的主要任务。

车辆控制层是通过车辆的执行机构完成相应的制动、转向、驱动等操控动作。执行控制系统相当于人的手和脚,由制动踏板和加速踏板、电子稳定系统、电动助力转向、自动变速器等组成。可以说,这是自动驾驶汽车行驶的基础,车辆的各个操控系统需要通过总线与决策系统相连接,并能够按照决策系统发出的总线指令精确地控制加速程度、制动程度、转向幅度、灯光控制等驾驶动作,以实现车辆的自主驾驶。

自动驾驶控制执行的核心技术主要包括车辆的纵向控制和横向控制技术。

① 纵向控制,即车辆的驱动与制动控制,指通过对油门和制动的协调,实现对期望车速的精确控制。纵向控制系统对危险场景的反应速度快,避撞控制精确有效,可最大限度地"避免"交通事故的发生以及人员的伤亡。此外,纵向控制系统在保证行驶安全的前提下,还可缩短车间距离,有效提高道路通行率,减轻因堵车造成的环境污染。

② 横向控制,指垂直于运动方向上的控制,也叫侧向控制或转向控制,即通过方向盘角度的调整以及轮胎力的控制,实现自动驾驶汽车的路径跟踪。横向控制系统目标是控制汽车自动保持期望的行车路线,并使汽车在不同的车速、载荷、风阻、路况下均有很好的乘坐舒适性和稳定性。

目前,单车智能驾驶主要依靠车辆上加装的硬件设备与软件的协调,这样才能实现车辆的自动驾驶功能,因此单车智能驾驶对环境感知有更高的需求。为了使单车智能更加的安全,需要在车辆上加装足够多的硬件设备,从而消除单车智能车辆行驶过程中的感知盲区。但在现实中,即使在车辆上加装了车载视觉摄像头、超声波雷达、毫米波雷达等硬件设备,依旧会出现盲区或潜在的未识别障碍物,无法做到全方位识别。感知硬件设备对安装位置、视场角、数据吞吐、标定精度、时间同步的要求非常高,当单车智能车辆在复杂路口、恶劣天气、小物体感知识别、信号灯识别、逆光等特殊环境条件下行驶时,仍然难以彻底解决准确感知识别的问题。此外,车辆上搭载的车载视觉摄像头、超声波雷达、毫米波雷达的感知范围有限,当有其他车辆高速通过时,如果车辆没有做出及时的预判与控制,就会导致危险的发生。

成本过高是阻碍单车智能发展的主要原因之一[4]。硬件设备的成本高,同时需要配备计算单元来处理硬件设备产生的数据,这就造成了更高的成本。除此以外,需要在车端部署相应的软件系统来操作这些设备,软件系统需要维护管理及更新,这也大大增加了自动驾驶车辆的维护成本。单车智能的发展离不开高精度地图,但高精度地图的采集是非常复杂且高成本的。一般来说,需要企业利用专业采集车和采集设备,由专业采集员驾驶车辆以较高的精度(10 cm)对道路进行数据采集,且为保证数据准确性,需要专业采集员对同一条道路进行多次数据采集,这对设备和人员技术有极高要求。数据采集完成后,需要将大量人力投入地图的编译制作中。据相关机构测算,制作一个普通道路高精度地图每公里的费用为数千元。

如果道路进行了整改或修缮,高精度地图就需要及时更新,考虑后期高频率的更新需求,采集高精度地图的企业还需要对数据采集、制图产线、数据管理与云服务等方面进行长期性战略投入,这就带来了极高的更新维护成本。在实际应用中,高精度地图具有分析数据量大与更新频率高的特点,在此过程中,大量道路和实时数据被在线采集,宽凳科技表示其云端每天的预处理数据量为 600~800 GB,Waymo 地图测绘车一天内采集的数据量约为 1TB,但这些数据主要是静态图层信息,并不包括实时交通参与者等动态图层信息。当单车智能自动驾驶的路线商用化后,高精度地图就需要以更高的更新频率随时根据道路情况进行更新。这些都增加了巨大的成本,使得单车智能驾驶的商用化变得更加困难。

1.1.2 车联网

车联网是指基于无线通信互联技术建立车与车、车与路、车与智能交通系统等服务中心的连接,甚至是车与住宅、办公室以及一些公共基础设施的连接,可以实现车内网络与车外网络之间的信息交互,全面解决人-车-外部环境之间的信息交互问题[5]。它是一个由车辆位置、速度、路线等信息组成的庞大的互动网络。

车用无线通信技术(Vehicle-to-Everything,V2X)是将车辆与一切事物相连接的新一代信息通信技术,其中V代表车辆,X代表任何与车交互信息的对象,其具体信息模式包括车与车之间(Vehicle-to-Vehicle,V2V)、车与路侧基础设施(如红绿灯、交通摄像头和智能路牌等)之间(Vehicle-to-Infrastructure,V2I)、车与人之间(Vehicle-to-Pedestrian,V2P)、车与网络之间(Vehicle-to-Network,V2N)的交互。

V2X通信技术目前有专用短程通信技术(Dedicated Short Range Communication,DSRC)[6]与基于蜂窝通信的车联网无线通信技术(Cellular Vehicle to Everything,C-V2X)[7]两大技术。V2X将"人""车""路""云"等交通参与要素有机地联系在一起,不仅可以支撑车辆获得比单车感知更多的信息,促进自动驾驶技术的创新和应用,还可以有利于构建一个智慧的交通体系,促进汽车和交通服务的新模式新业态发展,对提高交通效率、节省资源、减少污染、降低事故发生率、改善交通拥堵状况具有重要意义。

从车联网的组成来看,车联网包括车载子系统、出行者子系统、路侧子系统和中心子系统,如图1.3所示。

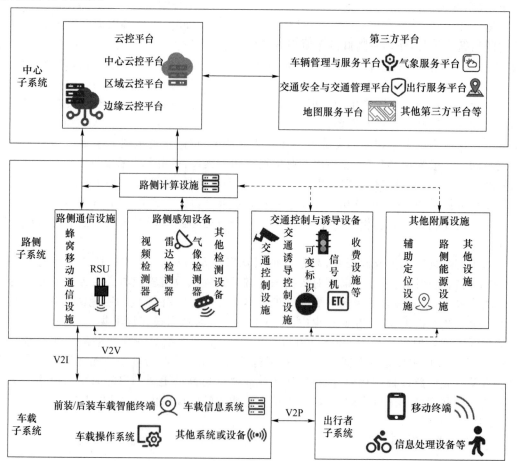

图1.3 车联网层次架构

1. 车载子系统

车载系统包含车载操作系统及车载信息系统等,由多种智能传感器和车载通信单元组成,负责采集与获取车辆信息,通过这些传感器设备,车辆不仅可以实时了解自己及周围他车的位置、朝向、行驶距离、速度和加速度等信息,还可以通过各种传感器感知外界环境的信息,包括道路交通参与者、障碍物信息等。这不仅方便驾驶员及时了解车辆信息,还让驾驶员可以对外界变化做出及时的反应。此外,车载信息系统也是具有车内通信、车间通信、车网通信的泛在通信终端,让自车具备了与他车、路侧设施和云平台通信的能力。

2. 出行者子系统

出行者子系统是车路协同系统中的一个重要组成部分,旨在提供个性化的出行体验和智能化的交通服务。该子系统主要面向行人,为出行者提供相关的信息和服务。出行者子系统通过与车辆、道路基础设施和交通管理中心等进行协同工作,为出行者提供智能化、个性化的交通服务。

它能够提高出行效率、提高出行安全性,为出行者创造更舒适、更便捷的出行体验。同时,通过数据的采集和分析,出行者子系统也能够为交通管理部门提供有价值的交通统计和分析数据,支持交通决策,能够监测出行者的行驶状态,并能够通过与车辆上的传感器和驾驶辅助系统的交互,提供驾驶行为评估和安全提示。它能够警示出行者注意事故易发区域、避免超速行驶等,以提高出行者的安全意识和行驶安全性。

3. 路侧子系统

路侧系统包括路侧通信单元(Road Side Unit,RSU)、路侧计算设施和路侧感知设备等。其中路侧通信单元部署在路侧的通信网关,它汇集路侧感知设备、智能交通基础设施以及周边车辆的信息,通过有线/无线的方式将其上传到 V2X 平台,并将周边交通信息下发至相关车辆。路侧计算设施可接入雷达、相机等多种交通感知设备,通过分析处理多源感知数据输出交通参与者、交通事件等结果,支持车路协同应用。车路协同采用有线或无线通信和新一代互联网等技术,在全时空动态交通信息采集与融合的基础上,全方位实现车-车、车-路动态实时数据交互及车辆主动安全控制和道路协同管理,实现提升交通安全、提高通行效率、改善出行体验、支持自动驾驶等目标。

路侧感知设备则是利用激光雷达、毫米波雷达、相机等传感器,并结合路侧计算设施,瞬时感知路段的交通参与者及路况,为车辆提供更广域的感知范围,并通过路侧通信单元与车辆进行信息交互,实现车与路的信息共享。

4. 中心子系统

中心子系统是连接车端和路端的枢纽,能够将车辆信息、路侧交通信息和管理信息以及高精地图等在云端进行整合,向车端、路端及行人提供信息服务及预警决策,具有数据存储、数据运维、大数据分析、云计算、信息安全等基础服务机制,是支持智能网联汽车实际应用需求的基础支撑平台,此外还能够支持部署和运行包括智能网联汽车协同感知、决策与控制,智能交通管控,公共出行服务,智能网联汽车测试等在内的多类行业应用,并进行应用过程管理、应用资源配置、应用生态拓展的智能网联汽车行业的专业管理与服务。

1.1.3 智能网联驾驶

智能网联驾驶作为智能交通发展新阶段的主流趋势,是交通领域车路协同系统的核心元素。智能网联驾驶是一种基于先进传感器、通信和控制算法的自动驾驶技术,其实现的关键在于环境感知、车辆控制及车路协同互联。

智能网联驾驶是在现有单车智能自动驾驶的基础上,旨在通过车联网将"人-车-路-云-网-图"等交通参与要素有机地联系在一起。"智慧的路"通过路侧感知设备形成对交通状况的全面感知,路侧计算单元将感知数据分析计算结果,通过"可靠的网"下发给"聪明的车"和"实时的云",同时更新"精确的图",提供车路协同安全预警服务,为"聪明的车"提供感知及决策支撑,实现"车-路-云-网-图"的协同配合。

在环境感知方面,智能网联驾驶需要多种类型的传感器来感知车辆周围环境,包括激光雷达、摄像头、毫米波雷达、GPS、惯性测量单元等,通过获取车辆周围环境数据,通过后续算法将其转化为车辆周围环境的几何结构和特征信息。在协同通信方面,智能网联驾驶主要基于车联网实现 V2X 网联通信,V2V 通信可以让车辆之间相互传递信息,如路况、车速、转向等信息,以实现更加精准的自动驾驶控制;V2I 通信则主要是通过基础设施(如交通信号灯、路况监控设施等)来获取交通信息,以便使自动驾驶车辆做出更为合理的决策;V2N 通信能让车辆与云平台直接交互,获取超视距的交通信息,协助车辆提前做出更合理的全程路径规划。

在业务场景上,智能网联驾驶在未来交通领域的应用将会非常广泛,例如,在公共交通领域,智能网联驾驶可以使公共交通更加高效、智能和安全。自动驾驶巴士可以在不需要司机的情况下,自主行驶在公共道路上,为市民提供更加便捷的出行服务;在物流配送领域,自动驾驶货车可以在不需要人工干预的情况下,将物品送到指定的目的地。此外,智能网联驾驶还可以让出租车服务更加便捷、高效和安全,如,通过该技术可以实现"一键呼叫、自动寻找、自动接送、自动支付"的完全自主化出租车服务模式。

在落地应用上,智能网联驾驶可以通过高精度传感器和先进控制算法,实现对车辆周围环境的全面感知和实时决策,大大提高交通安全性,还可以通过协同通信实现车辆之间的无缝连接和自主协调,提高交通效率,在实现车辆自动驾驶的前提下,降低人力成本和运营成本。

1.2 智能网联驾驶的技术等级

智能网联驾驶作为智能化和网联化深度融合的产物,其技术等级取决于智能化等级和网联化等级。本节将从智能化和网联化等级两个方面展开介绍,逐一介绍国内外相关技术等级的划分方法。然而,智能化和网联化深度融合后呈现的智能网联驾驶的技术等级在现阶段尚未形成统一的划分思路。读者可以通过对智能化和网联化等级进行交叉理解,发掘智能网联驾驶技术等级的端倪。

1.2.1 自动驾驶分级

如前言,目前针对自动驾驶分级,并没有一个统一的分类方法,不同的国家及机构根据其自动驾驶发展的趋势和核心要素进行分级,但其关键的区分要素都是"自动驾驶对于人的解放程度"。

1. 美国工程汽车协会对汽车自动驾驶的分级

美国汽车工程师协会(Society of Automotive Engineers,SAE)在美国国家公路安全交通管理局(National Highway Traffic Safety Administration,NHTSA)的自动驾驶汽车分级标准的基础上发布了SAE J3016标准[8],将自动驾驶分为L0~L5总共6个级别,如表1.1所示。

表1.1 SAE对汽车自动驾驶的分级

自动驾驶分级		L0	L1	L2	L3	L4	L5
		无自动驾驶	驾驶辅助	部分自动驾驶	有条件自动驾驶	高度自动驾驶	完全自动驾驶
定义		由驾驶员全权驾驶汽车,在行驶过程中可以得到警告	通过驾驶环境对转向盘和加减速中的一项操作提供支持,其余由驾驶员操作	通过驾驶环境对转向盘和加减速中的多项操作提供支持,其余由驾驶员操作	由无人驾驶系统完成所有的系统操作,根据系统要求,驾驶员提供适当的应答	由无人驾驶系统完成所有的驾驶操作,根据系统要求,驾驶员不一定提供所有的应答;限定道路和环境条件	由无人驾驶系统完成所有的驾驶操作,在可能的情况下,由驾驶员接管;不限定道路和环境条件
主体	驾驶操作	驾驶员	驾驶员/系统	系统	系统	系统	系统
	周边监控	驾驶员	驾驶员	驾驶员	系统	系统	系统
	支援	驾驶员	驾驶员	驾驶员	系统	系统	系统
	系统作用域	无	部分	部分	部分	部分	全域

① L0级别——无自动驾驶(No Driving Automation),该级别的自动驾驶就是人工驾驶,完全由驾驶员来进行操作驾驶汽车,包括制动、转向、踩油门以及动力传动。需要由驾驶员判断危险性。

② L1级别——驾驶辅助(Driver Assistance,DA),相比于完全依靠驾驶员自行操作车辆的L0级别,L1级别的自动驾驶能给驾驶员一些驾驶支援。比如,早期沃尔沃卡车、奔驰一类的进口车就具有自适应巡航(Adaptive Cruise Control,ACC)功能,即能够通过雷达探测与前车的实时距离自动控制加减速,从而保持与前车的安全距离。现阶段,该技术已经普及,在国内的很多商用车上都有应用。

③ L2级别——部分自动驾驶(Partial Driving Automation,PA),特斯拉的车道保持功能就属于此级别,在驾驶过程中,系统除了能控制加减速,同时还能对方向盘进行控制,这种多项控制就是L2级别。驾驶员可以放弃主要控制权,但仍需要观察周围情况,并提供安全操作。

④ L3级别——有条件自动驾驶(Conditional Driving Automation,CA),在L3级别的自动驾驶中,车辆能够在某个特定的驾驶交通环境下可独立完成所有的驾驶操作,而且系统

可以自动检测环境的变化以判断是否需要返回驾驶员手动操作模式。在人工智能不能准确判断时，仍需人工操作。L3级别的自动驾驶仍需在限定的场景下运行。

⑤ L4级别——高度自动驾驶(High Driving Automation,HA)，只要在出发前输入出发地和目的地，就可以将车辆完全交给自动驾驶系统。比如，GoFun就运用L4级别的自动驾驶技术展现了自动取还车、自动编队巡航、自动避障等共享出行的真实场景，目前该技术方案已在大量车型上运用。

⑥ L5级——完全自动驾驶(Full Driving Automation,FA)，L5级别的自动驾驶汽车不需要驾驶员的注意——"动态驾驶任务"被取消了。L5级别的汽车甚至没有方向盘或加速/刹车踏板。这些汽车将摆脱地理围栏，能够去任何地方，做任何有经验的人类驾驶员能做的事情。完全自动驾驶汽车正在世界上的几个地区进行测试，但目前还没有任何一款完全自动驾驶汽车向公众开放。

2. 中国汽车工程学会对汽车自动驾驶的分级

中国汽车工程学会基于驾驶自动化系统能够执行动态驾驶任务的程度，根据其在执行动态驾驶任务中的角色分配以及有无设计运行条件的限制，将驾驶自动化分为5级，如表1.2所示。

表1.2 中国汽车工程学会对汽车自动驾驶的分级

智能化等级	等级名称	等级定义	控制	监视	失效应对	典型工况
人监控驾驶环境						
1(DA)	驾驶辅助	系统根据环境信息执行转向和加减速中的一项操作，其中驾驶操作都由人完成	人与系统	人	人	车道内正常行驶、高速公路无车到干涉路段、泊车工况
2(PA)	部分自动驾驶	系统根据环境信息执行转向和加减速操作，其他驾驶操作都由人完成	人与系统	人	人	高速公路及市区无车道干涉路段、换道、环岛绕行、拥堵跟车等工况
自动驾驶系统("系统")监控驾驶环境						
3(CA)	有条件自动驾驶	系统完成所有驾驶操作，根据系统请求，驾驶员需要提供适当的干预	系统	系统	人	高速公路正常行驶工况、市区无车道干涉路段
4(HA)	高度自动驾驶	系统完成所有驾驶操作，特定环境下系统会向驾驶员提出响应请求，驾驶员可以对系统请求不进行响应	系统	系统	系统	高速公路全部工况及市区有车道干涉路段
5(FA)	完全自动驾驶	系统可以完成驾驶员能够完成的所有道路环境下的操作，不需要驾驶员介入	系统	系统	系统	所有行驶工况

① 1级驾驶自动化(应急辅助)，驾驶自动化系统不能持续执行动态驾驶任务中的车辆横向或纵向运动控制，但具备持续执行动态驾驶任务中的部分目标和事件探测与响应的能力。

② 2级驾驶自动化(部分驾驶辅助),驾驶自动化系统在其设计运行条件内持续地执行动态驾驶任务中的车辆横向或纵向运动控制,且具备与所执行的车辆横向或纵向运动控制相适应的部分目标和事件探测与响应的能力。

③ 3级驾驶自动化(组合驾驶辅助),驾驶自动化系统在其设计运行条件内持续地执行动态驾驶任务中的车辆横向和纵向运动控制,且具备与所执行的车辆横向和纵向运动控制相适应的部分目标和事件探测与响应的能力。

④ 4级驾驶自动化(有条件自动驾驶),驾驶自动化系统在其设计运行条件内持续地执行全部动态驾驶任务。

⑤ 5级驾驶自动化(高度自动驾驶),驾驶自动化系统在其设计运行条件内持续地执行全部动态驾驶任务,并执行动态驾驶任务接管。

⑥ 6级驾驶自动化(完全自动驾驶),驾驶自动化系统在任何可行驶条件下持续地执行全部动态驾驶任务,并执行动态驾驶任务接管。

1.2.2 网联驾驶分级

国家智能网联汽车创新中心的《基于C-V2X的智能化网联化融合发展路线图》将网联驾驶等级依据消息内容分为4级,包括状态共享、融合感知、融合决策、融合控制。

1. 网联驾驶等级0(状态共享)

基于车-车、车-路、车-云、车-移动终端通信,发送方发送其交通环境感知信息以及发送方状态信息,供接收方使用,不要求信息进入接收方的智能驾驶系统,不要求所有接收方都有能力使用该信息。配合不同应用场景,信息可通过广播、单播发出。

2. 网联驾驶等级1(融合感知)

基于车-车、车-路、车-云、车-移动终端通信,发送方发送其交通环境感知信息以及自身的状态和意图消息(未来状态),供接收方使用,发送过程可由接收方请求意图共享开启。感知信息进入接收方的智能驾驶系统,但接收方不一定需要按照共享的意图行事。配合不同应用场景,消息可通过广播、组播、单播发出。

3. 网联驾驶等级2(融合决策)

基于车-车、车-路、车-云、车-移动终端通信,交通参与者、道路运营方之间进行一系列信息交互,并产生决策信息。决策信息进入接收方的智能驾驶系统,但接收方不一定需要按照接收到的决策信息行驶,融合后的决策信息由智能驾驶系统执行。配合不同应用场景,消息可通过广播、组播、单播发出。

4. 网联驾驶等级3(融合控制)

基于车-车、车-路、车-云、车-移动终端通信,特定交通参与者按照特定操作者的指示完成驾驶任务,包括控制指令或调度信息等。控制信息通过单播发出,进入自动驾驶系统,融合后的控制信息由自动驾驶系统或云控平台执行。

表1.3进一步细化了网联驾驶各等级的具体要素。每个等级都从典型信息、信息融合主体两个维度分别进行描述。原则上,高级别网联化融合的等级对低级别网联化融合的等级具有包容性。

表 1.3　网联化融合技术等级

网联化融合技术等级	等级名称	典型信息	信息融合主体
0	状态共享	① 交通参与者自身的状态信息； ② 车辆感知的其他交通参与者的状态信息； ③ 路侧感知的其他交通参与者的状态信息； ④ 路侧的当前状态信息	驾驶员
1	融合感知	包括状态共享消息，以及 ① 车辆/VRU 的行驶意图信息； ② 车辆/路侧感知的其他交通参与者的行驶意图信息； ③ 路侧的未来趋势信息	驾驶员/本车
2	融合决策	包括状态共享、融合感知消息，与其他交通参与者以产生决策为目的的交互信息，以及路径规划、车速引导等信息	驾驶员/本车/他车/路侧/云端
3	融合控制	包括状态共享、融合感知消息，以及对其他交通参与者的指令信息	本车/他车/路侧/云端

鉴于各国尚未形成成熟的智能化网联化融合发展路线，依据网联信息对汽车驾驶自动化等级的支撑作用，判定融合发展将经历 3 个发展阶段，即信息提醒和精确预警阶段、车路云一体化的辅助驾驶(Advanced Driving Assistance System，C-ADAS)阶段、车路云一体化的自动驾驶(Autonomous Driving，CAD)阶段。

在信息提醒和精确预警阶段，网联信息或其与单车智能的感知、多传感器数据融合处理后的感知信息，以提醒、预警方式在人机交互界面显示，随着车道级定位和高精地图的应用和普及，预警内容逐步丰富。

在车路云一体化的辅助驾驶(C-ADAS)阶段，符合相应信息安全、功能安全要求的网联信息进入智驾域，开始支撑车辆辅助驾驶。

在车路云一体化的自动驾驶(CAD)阶段，符合相应信息安全、功能安全要求的网联信息开始支撑车辆自动驾驶。在道路基础设施建设和车载通信设施搭载均达到相当高的程度时，车路云一体化的自动驾驶逐步实现普及。

为避免网联化融合技术的 4 个等级与融合发展的 3 个发展阶段的定义混淆，表 1.4 形成 4×3 的矩阵，梳理了各等级与各阶段的关系。表 1.4 分为横向、纵向两个视角：横向视角中，同一融合技术等级的消息内容的指标相同，但由于 3 个发展阶段对于该消息内容的指标不同，最终的应用场景由左至右增强或新增；纵向视角中，由于各融合技术等级中消息内容的指标的不同，最终的应用场景由上至下增强或新增。

状态共享等级包含未进入智驾域的网联状态信息，只能应用于信息提醒和精确预警阶段。

融合感知等级中的消息内容可分别应用在信息提醒和精确预警、C-ADAS、CAD 3 个阶段。由于自动驾驶系统在这 3 个阶段的功能安全、预期功能安全、信息安全的要求不同，因此其拆解至车载通信设备、路侧设备、云平台必须满足的安全要求也不同。

融合决策等级中的消息内容可分别应用在 C-ADAS、CAD 两个阶段。因为网联导入的决策信息已经超越车内提醒预警的范畴，因此不包括信息提醒和精确预警阶段。

网联融合控制等级中的消息内容只应用在 CAD 阶段。因为无法保证人类驾驶员参与协同，因此不包括 C-ADAS 阶段。

表 1.4 网联化融合技术等级与发展阶段关系

网联驾驶等级	融合的 3 个阶段					
	信息提醒和精确预警阶段		车路云一体化的辅助驾驶阶段		车路云一体化的自动驾驶阶段	
	消息内容的指标	典型场景	消息内容的指标	典型场景	消息内容的指标	典型场景
状态共享	云平台、路侧、车端处理时延和传输时延要求较低，消息可靠性要求较低	一阶段场景中除绿波车速引导和汽车近场支付外的所有场景、二阶段的感知数据共享场景、弱势交通参与者安全通行场景				
融合感知	云平台、路侧、车端处理时延和传输时延要求较低，消息可靠性要求较低	一阶段场景中除绿波车速引导和汽车近场支付外的所有场景、二阶段的感知数据共享场景、弱势交通参与者安全通行场景、变道意图共享场景、汇入意图共享场景、交叉口意图共享场景	云平台、路侧、车端处理时延和传输时延要求较高，消息可靠性要求较高，感知精度要求较高，信息安全要求较高	融合感知的ACC场景、融合感知的AEB场景、变道意图共享场景、汇入意图共享场景、交叉口意图共享场景	云平台、路侧、车端处理时延和传输时延要求最高，消息可靠性要求最高，感知精度要求最高，信息安全要求最高	融合感知的交叉路口通行场景、融合感知的自主避障场景
融合决策			云平台、路侧、车端处理时延和传输时延要求较高，消息可靠性要求较高，感知精度要求较高，信息安全要求较高	绿波通行、速度优化、协同式自适应巡航控制（Cooperative Adaptive Cruise Control, CACC）	云平台、路侧、车端处理时延和传输时延要求最高，消息可靠性要求最高，感知精度要求最高，信息安全要求最高	协作式变道/匝道汇入/超视距避障场景、动态限速场景、节能驾驶轨迹规划场景
融合控制					云平台、路侧、车端处理时延和传输时延要求最高，消息可靠性要求最高，感知精度要求最高，信息安全要求最高	车路云一体化自动泊车场景、超出ODD时云端自动接管场景、云端远程驾驶场景、基于车路云一体化控制的协作式优先车辆通行场景

1.3 智能网联驾驶的发展趋势

当前,新一轮科技革命和产业变革蓬勃兴起,车联网、自动驾驶技术融合将带来汽车生态链的全局变革,智能化、互联化已经成为未来汽车技术的发展趋势;作为解决未来汽车社会面临的交通安全、道路拥堵、能源消耗、环境污染等问题的重要手段,智能网联驾驶作为汽车产业发展的战略方向已经成为全球共识,也是世界汽车强国争夺的战略高地。本节将从国外和国内智能网联驾驶的发展趋势两个角度进行梳理。

1.3.1 国外智能网联驾驶的发展趋势

各国结合本地技术优势和产业基础,通过制定新的政策法规、探索发展路径、鼓励技术创新、开展测试示范、完善基础设施建设等方式,加强智能网联汽车创新发展。

美国强调技术中立,鼓励技术创新,在平衡创新与安全的基础上,总体呈现为监管持续弱化的特征,截至2022年相继发布了《自动驾驶汽车》系列政策、《智能交通系统战略规划2020~2025》《自动驾驶汽车综合计划》《自动驾驶乘员保护 安全最终规则》等政策法规,对自动驾驶范围进行了延伸,确定了自动驾驶汽车研发和整合的联邦原则,描述了美国未来5年智能交通发展的重点任务和保障措施,提出了建设3类自动驾驶应用公共平台的任务,支持CARMA等平台的建设,明确了实现自动驾驶系统(Autonomous Driving Solution,ADS)愿景的3个目标,明确了低速无人货车、低级别自动驾驶乘用车、高级别自动驾驶乘用车、高速公路自动驾驶货车、低速接驳车五大优先发展领域,完善了自动驾驶汽车制造商对全自动汽车碰撞测试的标准等。

同时,美国加强车路协同建设,密歇根州修建了首条专供网联汽车和自动驾驶汽车使用的40英里(1英里=1.60千米)长的道路,美国计划将该道路用于支撑研究物理基础设施、数字基础设施、协同基础设施以及运营基础设施的建设和运营。

欧盟立足商业布局,率先开展自动驾驶保险、责任规则及伦理道德研究,相继发布了《通往自动化出行之路:欧盟未来出行战略》《网联式自动驾驶技术路线图》《自动驾驶汽车的豁免程序指南》《关于在网联车辆和出行相关应用程序中处理个人数据的指南》《可持续与智能交通战略》等政策法规,提出了协调国家对自动驾驶车辆的临时安全评估,并聚焦于网联车辆和出行相关应用场景下的个人数据处理问题,为保护用户隐私和数据安全风险提供了参考建议,开展了自动驾驶路线图的顶层规划,提出了网联式自动驾驶与支撑自动驾驶能力的基础设施级别分级(Infrastructure Support levels for Automated Driving,ISAD),计划到2030年大规模部署自动驾驶出行服务并普及完全自动驾驶等。

德国的Ko-HAF项目、欧盟的C-ITS项目、大陆集团的e-Horizon项目都聚焦在智能驾驶和V2X领域,推动了智能网联驾驶行业的发展。同时,欧洲各国加快法律法规制的修订,支撑高级别智能网联汽车的商业化应用。德国制定《自动驾驶法》,支持特定场景L4级别的自动驾驶应用。英国、法国、德国等纷纷修订法律法规,支持自动车道保持功能

（Automated Lane Keeping Systems，ALKS）的商业化应用，其中德国已经为奔驰颁发 L3 级别的智能网联汽车型式认证。

日本通过将智能交通、智慧城市深度融合来发展自动驾驶，在全国范围内部署大量的实路操作测试（Field Operational Test，FOT），有效推动自动驾驶的测试验证与示范推广。2018 年至 2022 年，日本相继发布了《自动驾驶汽车安全技术指南》《道路交通法（修正案）》，并持续更新发布了《官民 ITS 构想·路线图》《实现自动驾驶行动方针》等政策法规，列举了一系列自动驾驶汽车所应满足的安全条件，制定了 L3 级别的自动驾驶的相关章程，研讨并制定了自动驾驶路线图以推动相关国际标准协调工作，探讨了 L4 级别的自动驾驶的基础设施协同机制与商业模式等。

SIP-adus 以构建世界最安全的交通体系并服务社会为目的，已经进入 2.0 阶段，计划到 2025 年，私家车、卡车运输实现高速公路 L4 级别的自动驾驶，在全国范围实现无人驾驶出行。此外，日本已经于 2020 年 11 月为本田 Legend 车型颁发全球首个 L3 级别的自动驾驶系统安全认证，该车型也已经面向共享出行市场公开发售。

韩国发布《韩国自动驾驶战略规划》，计划 2027 年将韩国打造成全球第一个自动驾驶国家。2021 年韩国制定 L3 级别的自动驾驶安全标准，计划 2021 年推出 L3 级别的自动驾驶汽车，2024 年将 L4 级别部分商用化、2027 年将 L4 级别全面商用化。为支撑 2027 年目标实现，2021 年 1 月，韩国的产业通商资源部、科学技术信息通信部、国土交通部、警察厅 4 个部门联合宣布启动"自动驾驶技术开发创新项目"，将在 2027 年前向自动驾驶技术开发和相关基础设施建设项目投资 1.1 万亿韩元（合 9.99 亿美元）。

美欧日等的发展路径和经验表明，智能网联汽车是跨技术协同、跨产业融合的新生态，是复杂的系统型工程，需要加强政产学研协同，密切跨部门协同联动，结合本地产业的基础与优势，探索特色发展路径，从而支持智能网联汽车技术的研发和商业化应用。

1.3.2 国内智能网联驾驶的发展趋势

在各方共同努力下，我国智能网联发展成效显著，已初步构建开放融合、创新引领、具有较强国际竞争力的产业生态，在关键技术、标准测试、基础设施、应用服务和安全保障方面取得了系统性进展。

一方面，我国确立了依托 C-V2X 发展车路云一体化融合的智能网联汽车中国方案，传统车企与互联网科技企业跨界合作，C-V2X 快速发展，产业体系全球领先；另一方面，我国在环境感知、决策规划、云平台以及车载计算芯片等关键技术领域取得突破，在国内技术专利数量方面处于国际领先地位，我国产品的自主化比例提升。另外，通过深度参与 3GPP 国际标准组织的标准制定，我国持续提升我国车联网标准在国际领域的话语权，推动 C-V2X 网络层协议纳入 3GPP 国际规范，同时在 ITU-T（International Telecommunication Union-Telecommunication Sector，国际电信联盟电信标准部）、ISO（International Organization for Standardization，国际标准化组织）、ETSI（European Telecommunications Standards Institute，欧洲电信标准化协会）等组织中贡献相关标准，中国方案逐步影响着国际标准的制定。

我国从国家战略层面到地方政策方面，全面探索智能网联汽车产业发展，鼓励和推进示范建设。智能网联汽车中国方案的核心是车路云一体化，全国各地逐步开展以云控平台为主要形式的车路云一体化实践。通过实施中国方案凝聚行业共识,为指导、推动以车路云一体化为核心的智能网联汽车产业发展,我国各部委及相关行业组织先后发布了一系列相关政策文件。表1.5汇总了我国近三年发布的部分推进智能网联汽车产业发展的相关文件[9]。

表1.5 部分国内相关政策文件

发布日期	政策	主要内容
2020.2	国家发展和改革委员会等11部委发布的《智能汽车创新发展战略》	明确提出建设智能网联汽车大数据云控基础平台的建设任务
2020.8	交通运输部发布的《交通运输部关于推动交通运输领域新型基础设施建设的指导意见》	明确提出推进车路协同等设施建设,丰富车路协同应用场景,建设智慧路网云控平台
2020.10	国务院办公厅发布的《新能源汽车产业发展规划(2021—2035年)》	部署了提高技术创新能力、构建新型产业生态、推动产业融合发展、完善基础设施体系和深化开放合作5项战略任务
2020.12	交通运输部发布的《交通运输部关于促进道路交通自动驾驶技术发展和应用的指导意见》	是交通运输部首个关于促进自动驾驶发展的指导意见,按照"鼓励创新、多元发展、试点先行、确保安全"的原则,坚持问题导向,提出了4个方面、12项具体任务
2021.2	中共中央、国务院发布的《国家综合立体交通网规划纲要》	提出到2035年,智能网联汽车(智能汽车、自动驾驶、车路协同)的技术达到世界先进水平
2021.4	住房和城乡建设部、工业和信息化部发布的《关于组织开展智慧城市基础设施与智能网联汽车协同发展试点工作的通知》	推动云控基础平台、基础地图等技术的研究,加快规模化商用进程
2021.5	国家发展和改革委员会等4部委发布的《全国一体化大数据中心协同创新体系算力枢纽实施方案》	鼓励城区内数据中心作为算力"边缘"端优先满足车联网、联网无人机、智慧交通等实时性要求高的业务需求
2021.7	工业和信息化部发布的《新型数据中心发展三年行动计划(2021—2023年)》	提出以5G、工业互联网、云计算、人工智能等应用需求为牵引,汇聚多元数据资源,提供高效算力服务、赋能行业应用
2021.7	工业和信息化部等10部委发布的《5G应用"扬帆"行动计划(2021—2023年)》	指出5G赋能重点领域包括5G+车联网。强化汽车、通信、交通等行业的协同,加强政府、行业组织和企业间的联系,让共同建立完备的5G与车联网测试评估体系,保障应用的端到端互联互通
2021.7	国家互联网信息办公室等5部委发布的《汽车数据安全管理若干规定(试行)》	旨在规范汽车数据处理活动,保护个人、组织的合法权益,维护国家安全和社会公共利益,促进汽车数据合理开发利用
2021.8	工业和信息化部发布的《物联网新型基础设施建设三年行动计划(2021—2023年)》	提出要充分发挥地方政府在新型基础设施建设规划、投资布局中的统筹引导作用,形成政策合力,到2023年年底,在国内主要城市初步建成物联网新型基础设施

续表

发布日期	政策	主要内容
2022.11	工业和信息化部和公安部发布的《关于开展智能网联汽车准入和上路通行试点工作的通知》（征求意见稿）	为贯彻落实意见，促进智能网联汽车的推广应用，提升智能网联汽车产品的性能和安全运行水平，开展智能网联汽车准入和上路通行试点工作，实施内容包括产品准入试点、上路通行试点和应急处置
2022.12	中共中央、国务院发布的《关于构建数据基础制度更好发挥数据要素作用的意见》	明确了数据要素改革的总体目标、方向和指导思想与具体原则，确定了主要任务，即加快数据产权制度、数据流通交易制度、数据收益分配制度、数据安全治理制度四大类基础制度建设，构建了我国数据要素改革的"四梁八柱"
2023.8	工业和信息化部等部委发布的《国家车联网产业标准体系建设指南》系列文件	设计"三横二纵"技术逻辑架构，主要针对智能网联汽车通用规范、核心技术与关键产品应用，构建包括智能网联汽车基础、技术、产品、试验标准等在内的智能网联汽车标准体系，充分发挥标准对智能网联汽车产业关键技术、核心产品和功能应用的基础支撑和引领作用，形成统一、协调的国家车联网产业标准体系架构

为支撑中国方案智能网联汽车的创新发展，我国从技术研发、测试示范、产品管理、网络安全保障、地理信息安全、标准体系建设、跨界融合发展等多个方面搭建完善的支持政策体系，开展专项试点示范活动。工业和信息化部、科技技术部加大力度支持基础前沿技术与共性关键技术创新，相关部门加强合作协同，形成覆盖"研发、测试、示范、规模部署、商业化推广、融合发展、安全保障"的智能网联汽车创新与应用支撑体系。各地在国家统筹下，推动国家级测试示范区、交通强国试点、车联网先导区、双智试点、自动驾驶先导应用试点等建设。

在有关部门和各方面的共同推动下，我国智能网联产业在产品落地、应用推广、关键技术攻关和基础设施部署等多个方面全面推进，取得了显著成果。2022年1—11月，我国具备L2级别智能驾驶辅助功能的乘用车销量超800万辆，其渗透率升至33.6%。L4级别自动驾驶示范落地加速推进，全国开放的各级测试公路超过7 000千米，实际道路测试里程超过4 000万千米。

一汽红旗、上汽、广汽、吉利、长城、蔚来、长安福特等车企业发布搭载5G-V2X技术的量产车型。多地加快部署5G通信、路侧联网设备等基础设施，截至2022年6月，我国已部署的路侧基础通信设施超过6 200台，并且我国加大交通设备数字化改造力度，开展车路协同试点，推动政策法规创新。

预计到2028年，车端能够实现C-V2X终端新车装配的基本普及、C-ADAS功能在DA、PA级智能网联汽车中的大规模应用、具备CAD功能的车辆的商业化应用；在路端，一、二线重点城市交叉口信号灯联网覆盖率达到100%，路侧感知和计算能力可支持C-ADAS和CAD在交叉口场景类的功能；高速公路分合流区及隧道路侧感知覆盖率达到50%，且可支持部分C-ADAS和CAD的高速场景类功能；具备自主泊车辅助（Automated Valet Parking，AVP）功能的停车场数量大于2 000。从更远的发展目标来说，车路云一体化的自动驾驶能够全面实现，包括通信网络、路侧基础设施、云控基础平台的新一代基础设施体系的全面建成。车路云一体化的新型产业生态体系逐步完善，满足人民不断增长的出行和运输需求。

1.4 智能网联驾驶系统认知台架实验

智能网联驾驶
系统认知台架实验

我们设计开发了一个名为"车路协同教学系统"的智能网联驾驶教学平台,这个平台可进行一系列的智能网联驾驶系统实验。由于这些实验内容与本书所介绍的内容具有较强的关联性,所以将实验一并编入书中以供参考。

本章我们介绍教学平台上的第一个实验——智能网联驾驶系统认知台架实验。

1.4.1 实验目的

本节通过对教学台架的整体结构和组件的介绍,并结合场景演示,可以让读者认识智能网联驾驶系统,了解智能网联驾驶教学台架的组成和各项功能并熟悉台架的操作方式。

1.4.2 实验内容

(1)步骤一

打开电源开关,主界面显示"车路协同教学系统"主菜单以及车载通信单元(On Board Unit,OBU)和路侧通信单元(Road Side Unit,RSU)的连接状态,主菜单下包含8个实验,如图1.4所示。

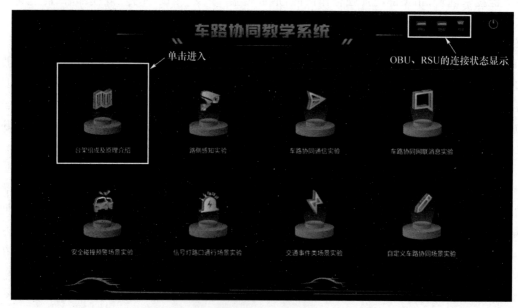

图1.4 车路协同教学系统主界面

(2)步骤二

在主菜单下单击"台架组成及原理介绍"进入本次实验,我们可以看到教学台架分别由A通信计算中心、B车载显示器(2个)、C摄像头、D毫米波雷达、E场景显示器组成,单击下方的A、B、C、D、E按钮可切换到各个部分的介绍。

① A通信计算中心：单击"A"切换到对通信计算中心的介绍，通信计算中心由一台教学版路侧通信计算模块（RSU）、两台教学版车载通信计算模块（OBU）及一台台架计算平台组成，界面右侧为各个组成部分的详细介绍，如图1.5所示。

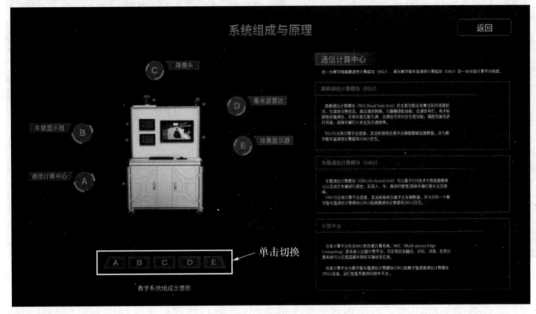

图1.5 系统组成与原理——通信计算中心

② B车载显示器：单击"B"切换到对车载显示器的介绍，两台车载显示器独立于实验操作界面，如图1.6所示，主要用于以车端视角显示教学版车载通信计算模块发出的预警提示、车辆的状态以及位置等信息，界面右侧为车载显示器的简介以及使用示例，如图1.7所示。

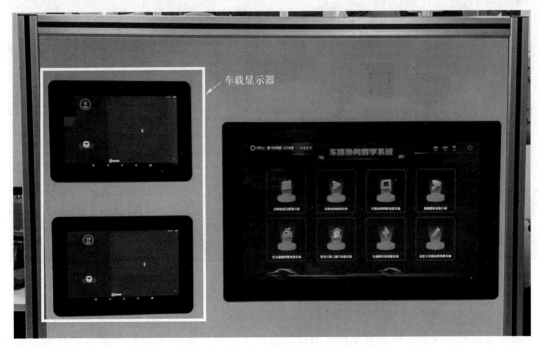

图1.6 车载显示器

图 1.7 系统组成与原理——车载显示器

③ C 摄像头：单击"C"切换到对摄像头的介绍，界面右侧为摄像头的作用原理和其他感知设备的性能对比以及对摄像头优缺点的介绍，如图 1.8 所示。

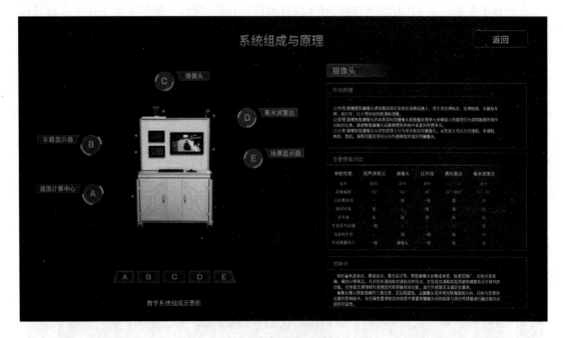

图 1.8 系统组成与原理——摄像头

④ D 毫米波雷达：单击"D"切换到对毫米波雷达的介绍，界面右侧为毫米波雷达的作用原理和其他感知设备的性能对比以及对毫米波雷达的使用场景的介绍，如图 1.9 所示。

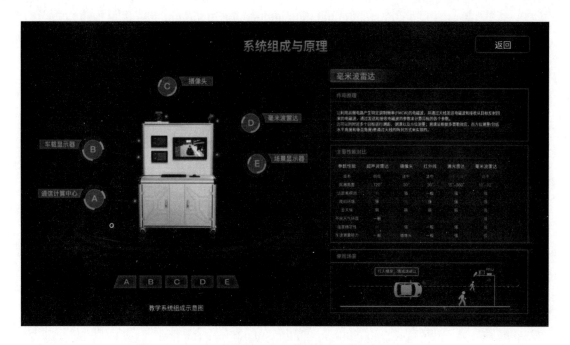

图1.9 系统组成与原理——毫米波雷达

⑤ E场景显示器：单击"E"切换到对场景显示器的介绍，场景显示器用于人机交互操作及车路协同主要场景的显示，界面右侧为场景显示器的简介以及使用示例，如图1.10所示。

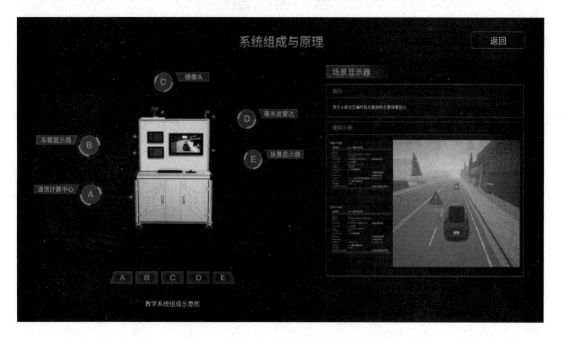

图1.10 系统组成与原理——场景显示器

（3）步骤三

在熟悉教学台架的各个组成部分后单击右上角的"返回"回到主界面，如图1.11所示。

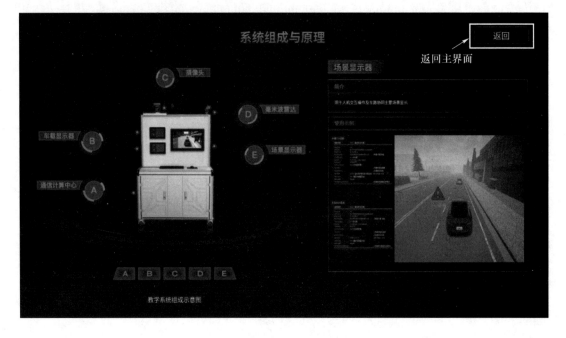

图 1.11 返回主界面

思 考 题

1. 无人驾驶发展至今,无法进入人们现实生活中的原因有哪些?你认为未来无人驾驶的发展方向是怎样的?

2. 简单阐述智能网联驾驶的优势和特点。

3. 从自动驾驶分级上看,我国和美国有哪些联系和区别?综合思考智能网联驾驶的分级方法和依据。

第 2 章
智能网联驾驶感知技术

智能网联驾驶
感知技术

智能网联驾驶的关键组成技术是环境感知技术和车辆控制技术,其中环境感知技术是智能网联汽车行驶的基础技术。本章主要介绍智能网联驾驶中的感知技术,车辆通过将各类硬件传感器(如相机、雷达等传感器)采集到的数据进行收集、融合处理,来实现对周边环境的感知。

2.1 环境感知的任务

在日新月异的智能网联汽车领域,环境感知是智能网联汽车的核心技术之一,是智能网联汽车其他技术的数据基础,为智能决策和控制执行提供依据,更是智能网联汽车实现自动驾驶的第一步。智能网联汽车利用视觉传感器、超声波雷达(也称超声波传感器)、毫米波雷达、激光雷达等获取道路、车辆位置和障碍物的信息,各种传感器成为智能汽车的手、眼睛、耳朵、舌头、鼻子甚至大脑,收集汽车驾驶过程和环境中所有能被感受到的各种测量数据和信息,并将测量数据和信息分类处理分析后进行信息输出,来满足汽车驾驶智能化、自动化过程中对于环境感知的需要。

智能网联驾驶环境感知的任务主要可以分为 4 个模块:动态物体检测(Dynamic Object Detection,DOD)、通行空间(Free Space,FS)、车道线检测(Lane Detection,LD)、静态物体检测(Static Object Detection)[10]。

1. 动态物体检测

动态物体检测是对车辆(轿车、卡车、电动车、自行车)、行人等动态物体进行识别。该检测的难点包括检测类别多、追踪目标多、测距精度要求高;外界环境因素复杂,遮挡情况多,朝向不一;行人、车辆类型种类众多,难以覆盖,容易误检;面临追踪、行人身份切换等众多挑战。

2. 通行空间

通行空间是对车辆行驶的安全边界(可行驶区域)进行划分,主要针对车辆、普通路边沿、侧石边沿、没有障碍物可见的边界、未知边界等进行划分。

该检测的难点包括在复杂环境场景下，边界形状复杂多样，泛化难度较大。除此以外，不同于其他有明确的单一的检测类型的检测（如对车辆、行人、交通灯的检测），通行空间需要准确划分行驶安全区域，以及对影响车辆前行的障碍物边界。但是在车辆加减速、路面颠簸、上下坡道时，相机俯仰角会发生变化，原有的相机标定参数不再准确，投影到世界坐标系后会出现较大的测距误差，通行空间边界会出现收缩或开放等问题。

3. 车道线检测

车道线检测是对各类车道线（单侧/双侧车道线、实线、虚线、双线）进行检测，还包括对线型的颜色（白色/黄色/蓝色）以及特殊的车道线（汇流线、减速线等）等进行检测，目前在辅助驾驶领域有着较为成熟的应用。

与此同时，车道线检测的难点也很多，如线型种类多，不规则路面检测难度大。例如，在地面积水、标识无效、修补路面、阴影等情况下，车道线易被误检、漏检。弯曲的车道线、远端的车道线、环岛的车道线等情况的拟合难度较大，检测结果易模糊不清等。

4. 静态物体检测

静态物体检测是对交通红绿灯、交通标志等静态物体进行检测识别。这类物体是自动驾驶行驶过程中遇到最多的物体之一。

该检测的难点主要有两点：其一是对红绿灯、交通标识的检测难度大，该类物体的检测属于小物体检测，其在图像中所占的像素比较少，尤其是对于远距离的路口，检测难度更大；其二是在强光照的情况下，有时人眼都难以辨别，而停在路口的斑马线前的汽车，需要对红绿灯进行正确地识别才能做下一步的判断。除此以外，交通标识种类众多，采集到的数据易出现数量不均匀的情况，导致检测模型训练不完善。

对于如何使用传感器进行感知任务，业界主要分成两派：一个是纯视觉感知方案；另一个是多传感器融合感知方案。

纯视觉感知方案仅依靠摄像头搜集环境信息，然后将图片传输到计算芯片进行分析，比较像人类驾驶车辆，先通过眼睛来捕捉周围的信息，再将信息传输给大脑做决策。当然，纯视觉＋AI的方案比人眼的视角更广，通过大量的图片信息让汽车内部的计算系统拥有以汽车为中心的"上帝视角"。纯视觉感知方案的优点主要是实现成本相对较低，更接近人类驾驶，通过高分辨率、高帧率的成像技术获取的环境信息更加丰富；缺点主要是摄像头捕捉环境信息容易受到环境光的干扰，且纯视觉感知方案对于图像的处理更依赖训练，难免出现环境认知的"死角"。目前，采用纯视觉感知方案实现自动驾驶的企业主要有特斯拉、百度和极氪等。

多传感器融合感知方案则是通过摄像头、毫米波雷达、激光雷达等设备一起收集车辆的周边信息。且由于激光雷达是自发光并不受环境光影响，因此激光雷达能够获取更深度的空间信息，对于物体的位置、距离和大小感知更准确，不过，多传感器融合感知方案也有自己的局限性，如激光雷达容易受到雨雪雾天气的影响。由于激光雷达本身价值数千美元，成本高，加上多传感器融合往往对计算芯片有更高的算力要求，因此多传感器融合感知方案在成本上没有优势。目前，采用多传感器融合感知方案实现自动驾驶的企业主要有小鹏、蔚来、极狐等。

2.2 环境感知传感器

智能驾驶感知技术离不开各种传感器技术的支持。各种感知传感器服务于智能网联汽车,对道路、车辆、行人、障碍物等进行检测和识别,并将相关信息传输给控制中心,为智能网联汽车提供决策依据,保障智能网联汽车驾乘安全,确保智能网联汽车准确到达目的地。传感器类型一般包括超声波雷达、毫米波雷达、视觉传感器和激光雷达等[11]。对于不同的传感器,其优势与特征都是各不相同的,大多数自动驾驶都需要配备多种传感器,才能在复杂的世界中对外界物体进行尽可能全覆盖地感知。

2.2.1 超声波雷达

超声波雷达是利用超声波发生器产生超声波,发射超声波,然后通过接受探头接受障碍物反射的超声波,并根据超声波反射接收的时差计算出障碍物的距离,从而实现对障碍物的探测。

1) 超声波雷达的定义

频率高于人类听觉上限频率(约 20 kHz)的声波称为超声波。超声波雷达是利用超声波的特性研制而成的传感器,是在超声频率范围内将交变的电信号转化为声信号或将外界声场中的声信号转化为电信号的能量转换器件。

按照超声波雷达工作时在水平方向和垂直方向探测角度范围的不同,其可以分为等方向性传感器和异方向性传感器。等方向性传感器在水平方向和垂直方向的探测范围相同,如在两个方向上均探测120°范围;异方向性传感器在水平方向和垂直方向的探测范围不同,如水平方向探测范围为120°,垂直方向探测范围为60°。等方向性传感器因在垂直方向的探测范围较大,容易探测到地面而无法探测较远的距离,故车辆多使用异方向性传感器。

2) 超声波雷达的优缺点

(1) 超声波雷达的优点

① 超声波的传播速度仅为光波的百万分之一,并且指向性强,能量消耗缓慢,因此可以直接测量较近目标的距离,一般测量距离小于 10 m。

② 超声波对色彩、光照度不敏感,可适用于识别透明、半透明及漫反射差的物体。

③ 超声波对外界光线和电磁场不敏感,可用于黑暗、有灰尘或烟雾、电磁干扰强、有毒等恶劣环境。

④ 超声波雷达结构简单,体积小,成本低,信息处理简单可靠,易于集成化,并且可以进行实时控制。

(2) 超声波雷达的缺点

① 探测距离短。因为超声波的散射角比较大,波长比较长,对应的频率就会比较低,所以探测距离比较近,一般在 3 m 左右。

② 会受天气环境条件的影响。因为超声波不是光,在雨雾天气、炎热天气、高速场景下表现不是很好,所以超声波雷达广泛用来作为倒车以及泊车雷达。

3)超声波雷达的结构与工作原理

超声波雷达如图2.1所示。其结构组成可以分为超声波发生器、接收器和控制器。超声波发生器是核心部件。图2.2为超声波雷达测距工作示意图,由超声波发生器产生信号并向外发射,遇到障碍物后信号产生反射,反射的信号由超声波接收器接受并被送给控制器处理,由芯片记录声波的往返时间,计算出车辆与障碍物的距离。

图2.1 超声波雷达

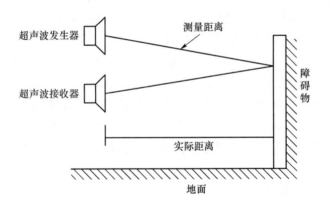

图2.2 超声波雷达的测距原理

4)超声波雷达的应用

超声波雷达多用于自动泊车、倒车辅助、障碍物预警等系统,通常安装在汽车的前、后保险杠上和汽车侧面,图2.3所示为一种典型的超声波雷达在车上的布置方式,前、后保险杠位置各布置4个超声波雷达,在左、右侧面的前、后端各布置1个。在自动泊车系统中,利用超声波雷达探测空置的位置。在倒车辅助时,车辆挂入倒挡后,位于前、后保险杠位置的超声波雷达实时探测障碍物位置,并通过声音或图像等方式发出提示,以弥补倒车时驾驶员视线的不足。有些带有盲点监测或并线辅助系统的车型在行车时也会开启超声波雷达,其用于近距离障碍物的实时探测和预警,进一步在自动驾驶过程中联合其他系统可对车辆进行控制以提高行车安全性。

图 2.3　超声波雷达的应用

2.2.2　毫米波雷达

毫米波雷达通过发射与接收高频电磁波来探测目标,通过信号处理模块对回波信号进行数据处理,计算出目标的距离、速度、角度等信息。常见的毫米波雷达有 24 GHz 毫米波雷达和 77 GHz 毫米波雷达。

1）毫米波雷达的定义

毫米波是指长度为 1～10 mm 的电磁波,毫米波的频带频率高于射频,低于可见光和红外线,相应的频率范围为 30～300 GHz。毫米波雷达是通过发射和接收毫米波段的电磁波来测量车辆与车辆之间的距离、角度和相对速度的装置。毫米波位于微波与远红外波相交叠的波长范围,所以毫米波兼有这两种波谱的优点,同时也有自己独特的性质。毫米波雷达主要用于先进驾驶辅助系统中的自动制动辅助系统、盲区监测预警系统等。

2）毫米波雷达的优缺点

（1）毫米波雷达的优点

① 探测性能好。毫米波雷达探测不受颜色与温度的影响。

② 响应速度快。毫米波的传播速度与光速一样,并且其调制简单,配合高速信号处理系统,可以快速地测量出目标的角度、距离、速度等信息。

③ 对环境的适应性强。毫米波具有很强的穿透能力,在雨、雪、大雾等恶劣天气下依然可以正常工作。由于其天线属于微波天线,因此相较于光波天线,它在大雨及轻微上霜的情况下依然可以正常工作。

④ 抗干扰能力强。毫米波雷达一般工作在高频段,而周围的噪声和干扰处于中低频区,基本上不会影响毫米波雷达的正常运行,因此,毫米波雷达具有抗低频干扰特性。

（2）毫米波雷达的缺点

① 毫米波在空气中传播时会受到空气中的氧气和水蒸气的影响,这些气体的谐振会对毫米波频率产生选择性吸收和散射,导致其大气传播衰减严重。因此,实际应用中,应找到毫米波在大气中传播时,由气体分子谐振吸收所致衰减为极小值的频率。

② 对目标反射率敏感。处理毫米波雷达数据是一项棘手的任务,部分原因是不同材料的非均匀反射率不同。金属可以放大雷达信号,方便对车辆的检测,但会增加道路上废弃罐

等小物体的表观尺寸,而木材等其他材料在这种情况下几乎是透明的。这可能会导致检测到不存在的障碍物和未检测到实际障碍物的误报。

③ 分辨率和准确性。毫米波雷达非常精确地测量传感器与目标之间的距离和速度。然而,水平分辨率取决于发射光束的特性。数字波束形成系统中的原始角度分辨率在2°到5°之间,可以使用先进的处理技术将其提高到0.1°到1°。使用这种角度分辨率,很难在30 m的距离上将行人与附近的汽车分开(作为独立目标检测)。在100 m的距离内,不可能将相邻车道上的车辆分开,难以确定车辆是否在同一车道上,甚至不可能检测到道路上的车辆或桥梁。

3) 毫米波雷达的结构与工作原理

毫米波雷达如图 2.4 所示,其系统结构主要包括背板、毫米波基础电路、主体压铸板、收/发天线阵列和雷达整流罩。天线是汽车毫米波雷达有效运行的关键设计,以高频印刷电路板的方式集成在基板上。收发芯片通常使用一种特殊的半导体,如硅锗(SiGe)双极晶体管、互补金属氧化物半导体(Complementary Metal Oxide Semiconductor,CMOS)等。

双极晶体管是早前应用比较广泛的毫米波雷达方案,但它占用大量集成电路板空间且成本较高。随着半导体技术的进步,CMOS 在数字电路中的应用越来越广泛,其成本相对较低,与双极晶体管相比,CMOS 可以在低电压下工作,降低了功耗,目前在毫米波雷达领域得到了更为广泛的应用。

图 2.4　毫米波雷达

车载毫米波雷达通过发射电磁波信号(毫米波波段)并接收回波信号来测定汽车车身周围的物理环境信息(如汽车与其他物体之间的相对距离、相对速度、角度、运动、运动方向等),然后根据所探知的物体信息进行目标追踪和识别分类,进而结合车身动态信息进行数据融合,完成合理决策,减少事故发生率。

大多数现代汽车雷达基于调频连续波(Frequency Modulated Continuous Wave,FMCW)技术,并使用数字波束形成来控制发射波的方向。FMCW 包括发射一个已知且稳定频率的信号,该信号由另一个频率上下变化的连续信号调制(常用的调频方式有三角波、锯齿波、编码调制或者噪频等)。当遇到障碍物体后,发射的电磁波被反射,产生与发射信号有一定频率差的回波,接收天线接收到雷达回波并调解后,雷达处理芯片对模拟信号进行数字采样,并进行响应的滤波,如图 2.5 所示。进一步使用快速傅里叶变换算法将信号转换为频域,然后再寻找信号中的特定特征(如信号强度、频率变化等),获取目标的位置以及速度等测量信息,并对目标进行编号和跟踪。

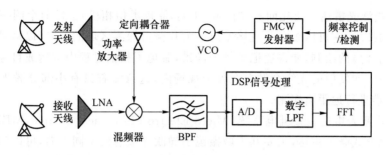

图 2.5 毫米波雷达的工作过程

4）毫米波雷达的应用

毫米波雷达因其硬件体积小,而且不受恶劣天气影响,被广泛应用在智能网联汽车先进驾驶辅助系统或无人驾驶汽车上。

目前世界各国对车载毫米波雷达分配的频段各有不同,主要有 24 GHz、60 GHz、77 GHz、79 GHz 4 个频段。现阶段各国对毫米波在智能汽车上的应用以 24 GHz 近距离雷达和 77 GHz 远距离雷达组合的形式出现,24 GHz 近距离雷达主要负责近距离探测,应用于盲点监测系统和后碰撞预警系统等,77 GHz 远距离雷达主要负责中长距离探测,应用于自适应巡航系统、自动紧急制动系统和前碰撞预警系统等。

2.2.3 激光雷达

1）激光雷达的定义

激光雷达利用激光器作为发射光源,主要通过光学方法来测量目标距离、速度和反射率等特征量。它是工作在光波频段的雷达,利用光波频段的电磁波先向目标发射探测信号,然后将其接收到的同波信号与发射信号相比较,从而获得目标的位置(距离、方位和高度)、运动状态(速度、姿态)等信息,实现对目标的探测、跟踪和识别。激光雷达能够确定物体的位置、大小、外部形貌等特征量,其采集到的物体信息呈现出一系列分散的、具有准确角度和距离信息的点,这些点被称为点云。点云指目标表面特性的海量点集合。当一束激光照射到物体表面时,所反射的激光会携带方位、距离等信息。若将激光束按照某种轨迹进行扫描,便会边扫描边记录到反射的激光点信息,由于扫描极为精细,则能够得到大量的激光点,因而就可形成激光点云。常见的激光雷达主要有机械式激光雷达、固态激光雷达和混合式固态激光雷达。从现有市场状况来看,机械式激光雷达最为常用;固态式激光雷达为未来业界大力发展的方向;混合式激光雷达是机械式激光雷达和纯固态式激光雷达的折中方案,是目前阶段量产装车的主流产品。

① 机械式激光雷达。机械旋转式激光雷达目前技术较为成熟,业界多采用此种方案。发射系统和接收系统存在物理意义上的转动,不断地旋转发射器,将激光点变成线,并在竖直方向上排布多束激光发射器形成面,实现 3D 扫描的目标。但其内部结构复杂,主要包括激光器、扫描器、光电探测器以及位置和导航器件等。由于其通过复杂的机械结构实现高频准确的转动,硬件成本高,且很难保持长时间稳定运行,业界寿命多为 2 万~3 万小时(正常使用的话寿命约为 2~3 年),因此目前固态式激光雷达成为很多公司的研究方向。

② 固态式激光雷达。泛光面阵式技术(快闪,原理类似相机)是目前全固态式激光雷达中较为成熟的技术,它可以短时间直接发出一大片覆盖探测区域的激光,以高灵敏度的接收器来完成周围环境的绘制,能快速记录整个场景,避免了扫描过程中雷达或目标的移动带来的麻烦。但是每次发射的光线会散布在整个视场内,这意味着只有小部分激光会投射到某些特定点,很难进行远距离探测。

③ 混合式激光雷达。微机电系统(Micro-Electro-Mechanical System,MEMS)型激光雷达是一种混合式激光雷达,主要基于微振镜引导激光束射向不同方向,可以动态调整自己的扫描模式,以此来聚焦特殊物体,可以采集更远、更小物体的细节信息实现对其的识别。微振镜的出现极大地减小了激光雷达的体积且降低了成本,且其由于惯性力矩较小,可以实现快速移动,因此在中远测距方面有巨大潜力,但其稳定性方面有待商榷。

2) 激光雷达的优缺点

(1) 激光雷达的优点

① 可全天候工作。激光雷达不受白天和黑夜的光照条件的限制。

② 分辨率高。激光雷达方向性好,激光束发散角小,能量集中,有很好的分辨率和灵敏度,探测精度高。

③ 信息量丰富。激光雷达可以获得幅度、频率和相位等信息,并且多普勒频移大,可以探测从低速到高速的目标。

④ 抗干扰能力强,隐蔽性好,激光不受无线电波干扰,能穿透等离子鞘套,低仰角工作时,对地面的多路径效应不敏感。

⑤ 激光雷达具有三维建模功能,能够检测周围360°范围内的所有物体。

(2) 激光雷达的缺点

① 成本高,上万美元的造价足以令很多车厂望而却步。机械旋转式激光雷达可以使激光束360°无死角扫描,精度最高,但是成本也最高,难以实现车规量产,目前主要用在无人车上面。固态式激光雷达通过电子部件来控制激光的发射角度,所以成本相对低,体积更小,但稳定性比较差,目前也没有实现量产。混合式激光雷达为一种折中的方案,成本比较低,目前华为推出的混合式激光雷达仅售200美元左右。

② 垂直分辨率低。在通常不到16层的低成本模型中,垂直分辨率(连续层之间的间隔)下降到2°。距离为100 m时,垂直距离为1.7 m。高端机型将垂直距离降低到0.2°~0.4°,但成本要高得多。

③ 稀疏度不密集。商用设备Velodyne HDL64的两分散度为0.11°,垂直分辨率为0.42°。一般来说,在50 m的距离处,层与层之间0.3°的间隙相当于0.26 m高的盲条,但当探测距离为200 m时,两个激光束之间的距离为1.4 m,也就是说,在200 m之后,只能检测到高于1.4 m的障碍物了。

④ 对暗色和镜面反射物体的探测能力差。黑色汽车在激光雷达下可能不可见,因为它结合了一个能吸收大部分辐射的颜色和一种不会将辐射散射回接收器的非朗伯材料。

⑤ 会受天气的影响。近红外激光束会受到雨和雾的影响,因为水滴会散射光,降低其工作范围,进而导致其在云层前方产生虚假测量。

3) 激光雷达的结构与工作原理

激光雷达如图2.6所示,是由发射系统、接收系统、信号采集处理系统、控制系统等组成的,其工作原理如图2.7所示。

图2.6 激光雷达

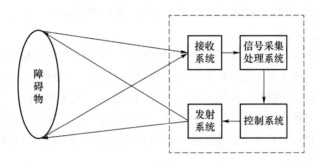

图2.7 激光雷达系统的工作原理

激光雷达多采用光飞行时间法(Time of Flight,TOF),即通过发射和接受激光束,计算激光遇到障碍物的折返时间,分析得出目标与设备的相对距离,并测量得到障碍物的轮廓,这些信息经过处理能够获得3D环境地图,且精度能够达到厘米级。

激光雷达发射系统主要负责向障碍物发射激光脉冲;接收系统主要负责接收经障碍物反射回来的激光信息,将其聚焦到光电探测器,并准确地测量光脉冲从发射到被反射回来的传播时间;信号采集处理系统主要负责处理接收回来的信号杆并使之能够符合下一级系统的要求,这是激光雷达系统最关键的环节,直接影响激光雷达系统的测量精度;控制系统的主要作用是提供信号并且对接收回来的信号进行数据处理,结合激光器的高度、扫描角度、位置和发射方向,可以准确地计算出每一个光斑的坐标X、Y、Z,通过脉冲激光不断地扫描目标,可得到全部目标点数据,进行图像处理后得到精确三维立体图像。以 Velodyne 的32线激光雷达为例,它把32个激光发射器垂直堆叠在一起,在旋转电机的带动下,使整个单元以秒为单位旋转多次。通过不断旋转激光发射器,将激光点变成线,并在竖直方向上排布多束激光发射器形成面,达到3D扫描并接收信息的目的。

4) 激光雷达的应用

① 点云物体检测[12]。物体检测在深度学习没有快速发展之前常用聚类的方式,但是很难做动静态分离。要实现安全的自动驾驶,就必须检测到周围在移动的物体,并且准确地知道它们相对于车的距离。随着深度学习技术的发展,点云物体检测也更多地使用深度学

习,甚至在室内机器人领域还有人做基于点云的实例分割。

② 即时定位与地图构建(Simultaneous Localization and Mapping,SLAM)[13-14]。SLAM 和物体检测是激光雷达在自动驾驶领域很重要的两个应用,而 SLAM 的主要作用就是建图和定位,目前来看自动驾驶很难脱离高精地图工作,建图过程又涉及很多的点云拼接、动态补偿等工作,是建 spare/dense 还是多层次的图也值得考虑,定位过程又包括特征匹配等工作。SLAM 主要分为视觉 SLAM 和激光 SLAM,有时建图的过程同时包含了视觉和点云的特征。

2.2.4 视觉传感器

视觉传感器分为前视摄像头和环视摄像头。前视摄像头有单目、双目和三目之分,主要应用于中远距离场景,能识别清晰的车道线、交通标志、障碍物、行人,而且需要复杂的算法支持,对处理器的要求也比较高;环视摄像头主要应用于短距离场景,可识别障碍物,技术成熟,价格低廉。视觉传感器一般对光照、天气等外在条件都很敏感。

1) 视觉传感器的定义

视觉传感器是指利用光学元件和成像装置获取外部环境图像信息的仪器。车载视觉传感器(摄像头)用来模拟人眼,通过对采集的图片或视频进行处理获得相应场景的三维信息,以此来解决物体的识别、物体形状与方位的确认、物体运动轨迹的判断等问题,进一步了解外界的环境和控制车辆自身的运动。通常用图像分辨率来描述视觉传感器的性能。视觉传感器的精度不仅与分辨率有关,还与被测物体的检测距离相关。被测物体的检测距离越远,其绝对的位置精度越差。

车载视觉传感器按照镜头数目主要分为单目摄像头、双目摄像头、三目摄像头和环视摄像头。

(1) 单目摄像头

如图 2.8 所示,单目摄像头一般只能获取二维图像,用于探测汽车前方环境,识别道路、车辆、行人等。由于单目摄像头的成像图是透视图,即越远的物体成像越小,同样大小的物体,在近处时需要用大量的像素点描述,在远处时可能只需要用几个像素点描述,因此对单目摄像头来说,物体越远,测距的精度越低。单目摄像头无法判断具有同样像素点数量物体的大小、远近关系,因此一般采用多目摄像头。同时单目摄像头无法识别没有明显轮廓的障碍物,其工作准确率与外部光线条件有关,并且受限于数据库,没有自学习功能。

图 2.8 单目摄像头

(2) 双目摄像头

如图 2.9 所示,双目摄像头通过对两幅图像视差的计算,直接对前方景物(图像所拍摄到的范围)进行距离测量,而无须判断前方出现的是什么类型的障碍物。其依靠两个平行布置的摄像头产生的视差,能够找到同一个物体所有的点;依赖三角测距等方法,能够算出摄像头与前方障碍物的距离,实现更高的识别精度和更远的探测范围。使用这种方案,需要两个摄像头有较高的同步率和采样率,因此技术难点在于双目标定及双目定位。相比单目摄像头,双目摄像头没有识别率的限制,无须先识别,可直接进行测量;直接利用视差计算距离,精度更高;无须维护样本数据库。但因为检测原理上的差异,相比于单目摄像头及毫米波雷达、激光雷达,双目摄像头在距离测算上的计算量级大幅增加。

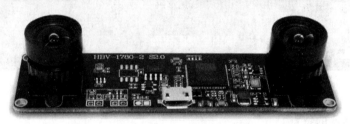

图 2.9 双目摄像头

(3) 三目摄像头

相比于单目摄像头,三目摄像头增加了一个长焦摄像头(负责远距离探测)和一个鱼眼摄像头(负责增强近距离范围的探测能力),其视野更为广阔。图 2.10 所示为特斯拉安装的三目摄像头,根据焦距的不同,每个摄像头感知的范围也不相同。3 个摄像头分别为前视窄视野摄像头(最远感知 250 m)、前视主视野摄像头(最远感知 150 m)、前视宽视野摄像头(最远感知 60 m)。

图 2.10 三目摄像头

(4) 环视摄像头

环视摄像头如图 2.11 所示。环视摄像头采用鱼眼镜头,其安装位置朝向地面。鱼眼镜头图像的畸变较大,其早起主要用于辅助,随着传感器融合技术的发展,也可以用于定位。为了扩大视野,环视摄像头一般至少包括 4 个摄像头,分别安装在汽车前侧、后侧、左侧、右侧,实现 360°环境感知,如图 2.11 所示。

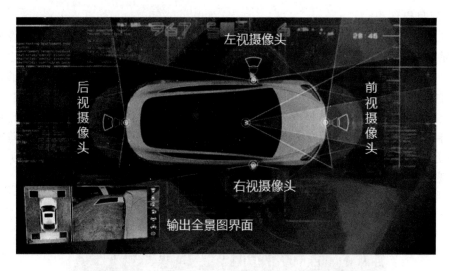

图 2.11 环视摄像头

2)视觉传感器的特点

(1)视觉传感器的优点

① 像素需求低。为降低计算处理的负担,摄像头的像素并不需要非常高,目前 30 万～120 万像素已经能满足要求。

② 防磁抗振。汽车起动时会产生极高的电磁,车载摄像头必须具备极高的防磁抗震的可靠性。

③ 成本低。摄像头能以较低的成本提供形状、大小、距离等空间信息和对象的运动动态信息等一系列信息。

(2)视觉传感器的缺点

① 相机需要搭配强大的感知能力,需要海量复杂场景来训练模型,然而不管训练使用的场景多复杂,模型总会有它的局限性,总会出现长尾问题。

② 驾驶可能发生在白天、夜间、室内、黄昏或黎明,黑点、阴影、眩光、反射和其他效果使可靠的人工可见算法的实现变得复杂。扩展捕获光谱可以解决其中一些问题。远红外摄像机(波长 900～1 400 nm)在黑暗中以及在穿过灰尘和烟雾时,可以对行人和动物进行有效检测。近红外(750～900 nm)增强了可见光谱,在高动态范围场景中具有更好的对比度,以及更好的夜间能见度。

③ 具有高动态范围的场景在同一帧中包含黑暗和强光照明区域,如进入或退出隧道,常见视觉传感器的单次动态范围为 60～75 dB,在极端情况下(曝光不足或曝光过度)这会导致信息丢失。

3)视觉传感器的结构与工作原理

广义的视觉传感器主要由光源、镜头、图像传感器、模/数(A/D)转换器、图像处理器、图像存储器等组成,如图 2.12 所示,其主要功能是获取足够的机器视觉系统要处理的最原始图像。

车载视觉系统是能够让汽车具备视觉感知功能的系统,利用视觉传感器获取周边环境的图像,并通过视觉处理器进行图像的分析和理解,进而将其转换为相应的定义符号,使汽车能够识别并确认物体位置及各种状态。被拍摄的物体经过视觉传感器的镜头聚焦到视觉传感器上面,视觉传感器由多个 X-Y 纵横排列的像素点组成,每个像素点都由一个光电二极管及相关电路组成。光电二极管将拍摄到的光线转变成对应的电荷,在相关电路的控制下逐点输出,其经放大、A/D 转换,然后形成数字视频信号输出,最后通过显示屏还原,这样我们就可以看到和拍摄场景一样的图像了。

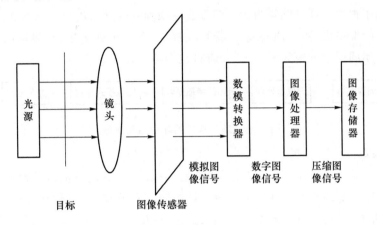

图 2.12 视觉传感器的结构

4) 视觉传感器的应用

视觉传感器在智能网联汽车上的应用是以摄像头的方式出现的。车载摄像头是实现众多预警、识别类先进驾驶辅助功能的基础。在众多先进驾驶辅助功能中,视觉影像处理系统较基础,对于驾驶人也更直观,而摄像头是视觉影像处理系统的基础,因此车载摄像头对于智能驾驶必不可少。车道偏离预警、前向碰撞预警、交通标志识别、车道保持辅助、行人碰撞预警、盲区监测、全景泊车、泊车辅助、驾驶人疲劳预警等众多功能都可借助于摄像头实现,有的功能甚至只能通过摄像头实现。

2.2.5 环境感知传感器性能的比较

超声波雷达、毫米波雷达、激光雷达和视觉传感器作为主要的环境感知传感器,在选择时需要综合考虑其性能特点和性价比,它们之间的比较如表 2.1 所示。

表 2.1 环境感知传感器的比较

传感器类型	一般测量性能	环境影响
超声波雷达	测量范围为 0.2~10 m;测量精度为 ±0.1 m;测量频率为 10~20 Hz	不受光照影响,测量精度受测量物体表面形状、材质的影响大
毫米波雷达	测量范围为 0~100 m;测量精度为 ±0.5 m;测量频率为 20~50 Hz	角度分辨率高,抗电子干扰强
激光雷达	测量范围为 1~200 m;测量精度为 ±0.1 m;测量频率为 10~20 Hz	聚焦性好,易实现远程测量,能量高度集中,具有一定的危害性
视觉传感器	测量范围为 3~25 m;测量精度为 0.3 m;测量频率为每秒 30~50 帧	测量精度不受物体表面材质、形状等因素影响,受环境光照强度的影响大

2.3　典型的环境感知方法

下面以基于视觉的环境感知为例介绍智能网联驾驶的感知流程。如图2.13所示,感知流程一般包括图像采集、图像预处理、图像特征提取、图像模式识别、结果输出等,根据具体识别对象和采用的识别方法的不同,感知流程也会略有差异。

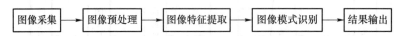

图2.13　基于视觉的环境感知流程

1. 图像采集

图像采集主要通过摄像头采集图像,如果是模拟信号,要把模拟信号转换为数字信号,并把数字图像以一定的格式表现出来。根据具体研究对象和应用场合,选择性价比高的摄像头。摄像头包括电荷耦合器件(Charge-Coupled Device,CCD)摄像头和CMOS(Complementary Metal-Oxide Semiconductor,互补性氧化金属半导体)摄像头[15]。图2.14是通过某处路侧摄像头采集的图像。

图2.14　某处路侧摄像头采集的图像

2. 图像预处理

图像预处理的主要目的是消除图像中无关的信息,恢复有用的真实信息,增强有关信息的可检测性和最大限度地简化数据,从而提高特征抽取、图像分割、匹配和识别的可靠性。一般的图像预处理步骤为图像灰度化、图像几何变换、图像增强。

1) 图像灰度化

视觉传感器采集的原始图像是彩色图像,即由红色(R)、绿色(G)、蓝色(B)三通道构成的图像,直接对采集到的图像进行处理时需要对每个像素点的3个颜色分量信息进行处理,需要处理的数据量很大。而灰度图像是R＝G＝B的一种特殊的彩色图像,其中R＝G＝B

的值就称为灰度值。在灰度图像中,每个像素点的信息只需用一个变量来表示(灰度值数据的处理范围为0～255),需要处理的数据量小。同时,灰度图像与彩色图像同样可以完整地反映图像的色度和亮度的分布及特征。彩色图像灰度化常用方法有分址法、最大值法、平均值法等。图2.15为经过灰度化处理后的图像。

图2.15　经过灰度化处理后的图像

2) 图像几何变换

图像几何变换又称为图像空间变换,通过平移、转置、镜像、旋转、缩放等几何变换对采集的图像进行处理,用于减少图像采集系统的系统误差和仪器位置的随机误差(成像角度、透视关系乃至镜头自身的原因导致的误差)。此外,还需要使用灰度插值算法,因为按照这种变换关系进行计算,输出图像的像素可能被映射到输入图像的非整数坐标上。图2.16为经过镜像、旋转处理后的图像。

图2.16　经过镜像、旋转处理后的图像

3) 图像增强

图像增强是指增强图像中的有用信息,它可以是一个失真的过程,其目的是要改善图像的视觉效果,针对给定图像的应用场合,有目的地强调图像的整体或局部特性,将原来不清晰的图像变得清晰或强调某些感兴趣的特征,扩大图像中不同物体特征之间的差别,抑制不感兴趣的特征,从而改善图像质量、丰富图像所含信息量,加强图像判读和识别效果,满足某些特殊分析的需要。图2.17为经过图像增强处理后的图像。

图 2.17 经过图像增强处理后的图像

3. 图像特征提取

特征是某一类对象区别于其他类对象的相应(本质)特点或特性,或这些特点和特性的集合。特征是通过测量或处理能够抽取的数据。对于图像而言,每一幅图像都具有能够区别于其他类图像的自身特征,有些是可以直观地感受到的自然特征,如亮度、边缘、纹理和色彩等;有些则是需要通过变换或处理才能得到的特征,如矩、直方图以及主成分等。

选取的特征不仅要能够很好地描述图像,更重要的是能够很好地区分不同类别的图像。通常希望选择那些在同类图像之间差异较小(较小的类内距),在不同类别的图像之间差异较大(较大的类间距)的图像特征,这类特征称为最具有区分能力(Most Discriminative)的特征。常见的图像特征提取算法包括尺度不变特征变换(Scale-Invariant Feature Transform,SIFT)算法、方向梯度直方图(Histogram of Oriented Gradient,HOG)算法、ORB 特征描述算法、HAAR(哈尔)特征算法,以及深度学习方法等[16]。

SIFT 算法在空间尺度中寻找极值点,提取出与其位置、尺度、旋转等无关的特征,这类特征称为 SIFT 特征。该算法应用范围包含物体辨识、机器人地图感知与导航、影像缝合、3D 模型建立、手势辨识、影像追踪和动作比对等。

HOG 算法的主要思想是在边缘具体位置未知的情况下,边缘方向的分布也可以很好地表示目标的外形轮廓。可通过颜色空间归一化、梯度计算、梯度方向直方图、重叠块直方图归一化等处理得到 HOG 特征,这是一种用于表征图像局部梯度方向和梯度强度分布特性的描述符。

ORB 特征描述算法是一种快速提取和描述特征点的算法,分为特征点提取和特征点描述两部分,它将 FAST 特征点的检测方法与 BRIEF 特征描述子结合起来了,并在它们的基础上做了改进与优化。

HAAR 特征分为边缘特征、线性特征、中心特征和对角线特征,这些特征组合成特征模板。特征模板内有白色和黑色两种矩形,并定义该模板的特征值为白色矩形像素和减去黑色矩形像素和。HAAR 特征值反映了图像的灰度变化情况。例如:脸部的一些特征能由矩形特征简单的描述,眼睛要比脸颊的颜色深,鼻梁两侧比鼻梁的颜色深,嘴巴比嘴巴皮肤周围的颜色深等。但矩形特征只对一些简单的图形结构,如边缘、线段较敏感,所以只能描述特定走向(水平、垂直、对角)的结构。

深度学习方法提取特征是基于深度神经网络(Deep Neural Network,DNN)进行的,从DNN按不同层的位置划分,内部的神经网络层可以分为输入层、隐藏层和输出层3类,一般来说,第一层是输入层,最后一层是输出层,而中间的层数都是隐藏层。对于输出层之前的所有层,我们都可以将其看成一个特征提取的过程,而且越靠后的隐藏层也就意味着提取得到的特征越抽象。当原始输入经过多层网络的特征提取后,我们就可以将提取得到的特征输入到最后一层进行相应的操作(分类或者回归等)。图2.18为在深度神经网络不同层的特征图。

图2.18 图像在深度神经网络不同层的特征图

4. 图像模式识别

图像模式识别的方法很多,从图像模式识别提取的特征对象来看,图像识别方法可分为基于形状特征的识别技术、基于色彩特征的识别技术及基于纹理特征的识别技术等。根据模式特征选择及判别决策方法,图像模式识别方法可分为统计(决策理论)模式识别方法、句法(结构)模式识别方法、模糊模式识别方法和神经网络模式识别方法等。

1) 统计(决策理论)模式识别方法

统计模式识别主要利用贝叶斯决策规则解决最优分类器问题,其基本思想就是在不同的模式类中建立一个决策边界,利用决策函数把一个给定的模式归入相应的模式类中。该模型主要包括两种操作模型——训练和分类,其中训练主要利用已有样本完成对决策边界的划分,并采取了一定的学习机制以保证基于样本的划分是最优的;而分类主要是利用其特征和训练得来的决策函数把输入模式划分到相应模式类中。

2) 句法(结构)模式识别方法

句法模式识别的基本思想是把一个复杂模式分化为若干较简单子模式的组合,而子模式又分为若干基元,通过对基元的识别,进而识别子模式,最终识别该复杂模式,用于解决统计模式识别难以处理的特征量巨大的复杂模式问题。用一组模式基元和它们的组成来描述模式的结构的语言称为模式描述语言。支配基元组成模式的规则称为文法。当每个基元被识别后,利用句法分析就可以实现整个模式识别。即以这个句子是否符合某特定文法,来判别它是否属于某一类别。

3) 模糊模式识别方法

模糊模式识别的理论基础是模糊数学,它根据人对事物识别的思维逻辑,结合人类大脑识别事物的特点,将计算机中常用的二值逻辑转向连续逻辑,在图像识别领域应用时该方法可以简化图像识别系统,并具有实用、可靠等特点。比较成熟的理论和方法有最大隶属原则、基于模糊等价关系的模式分类、基于模糊相似关系的模式分类和模糊聚类,其中模糊聚类方法的研究尤为成功且其应用也尤为广泛。应用模糊方法进行图像识别的关键是确定某一类别的隶属函数,而各类的统计指标则要由样本像元的灰度值和样本像元的隶属函数的值(即隶属度)共同决定,隶属度表示对象隶属某一类的程度。

4) 神经网络模式识别方法

神经网络模式识别源于对动物神经系统的研究,通过采用硬件或软件的方法,建立了许多以大量处理单元为节点,各单元通过一定的模式实现互联的拓扑网络。该网络通过一定的机制,能够模仿人的神经系统的结构和功能,具有分布式存储信息、能够并行处理输入的信息、具有自组织自学习的能力等特点。

5. 结果输出

经过上述处理的图像最后输出为识别分类后的结果图,如图 2.19 所示,经过基于 YOLOv5(一种单阶段目标检测算法)实现的感知算法识别后的结果包括类别信息和置信度信息。

图 2.19 识别分类结果图

2.4 智能网联协同环境感知方法

高效、准确地感知复杂的交通环境是保证自动驾驶汽车安全至关重要的一环,智能网联协同环境感知方法可以分为两类:一是通过融合多种传感器数据实现的融合感知方法,二是通过多个交通参与者共享感知信息实现的联合感知方法。

2.4.1 融合感知的定义和分类

实现自动驾驶,是一定需要由多个传感器相互配合共同构成汽车的感知系统的。不同传感器的原理、功能各不相同,在不同的使用场景里可以发挥各自优势。多个同类或不同类传感器分别获得不同局部和类别的信息,这些信息之间可以相互补充。对各传感器采集的信息进行单独、孤立地处理,不仅会导致信息处理工作量的增加,还会割断了各传感器信息间的内在联系,丢失了信息经有机组合后可能蕴含的有关环境特征,造成了信息资源的浪费,甚至可能导致决策失误。

多传感器融合的优势主要包括如下 4 个方面。

① 提高系统感知的准确度。多种传感器联合互补,可避免单一传感器的局限性,最大限度发挥各个(种)传感器的优势。

② 增加系统的感知维度,提高系统的可靠性和鲁棒性。多传感器融合可带来一定的信息冗余度,即使某一个传感器出现故障,系统仍可在一定范围内继续正常工作。

③ 增强环境适应能力。应用多传感器融合技术采集的信息具有明显的特征互补性,对空间和时间的覆盖范围更广,弥补了单一传感器对空间的分辨率和环境的语义不确定性。

④ 有效减少成本。融合可以实现用多个价格低廉的传感器设备代替价格昂贵的传感器设备,在保证性能的基础上又可以降低成本预算。

在多传感器融合中,区别于同类传感器融合,多类传感器融合又属于多模态信息融合,在智能网联驾驶领域主要分为以下 3 类。

1. 激光雷达与视觉传感器融合

如图 2.20 所示,激光雷达和视觉传感器融合是一个经典方案。在无人驾驶应用中,视觉传感器价格便宜,但是受环境光的影响较大,可靠性相对较低;激光雷达探测距离远,对物体的运动判断精准,可靠性高,但价格高。视觉传感器可进行车道线检测、障碍物检测和交通标志识别;激光雷达可进行路沿检测、动态和静态物体识别、定位和地图创建。对于动态的物体,视觉传感器能判断出前、后两帧中物体或行人是不是同一物体或行人,而激光雷达则能在得到信息后测算前、后两帧间隔内的运动速度和运动位移。

图 2.20 激光雷达和视觉传感器融合

2. 激光雷达与毫米波雷达融合

激光雷达和毫米波雷达融合是新的流行方案,如图 2.21 所示。毫米波雷达已经成为 ADAS(Advanced Driver Assistance System,先进驾驶辅助系统)的核心传感器,它具有体积小、重量轻和空间分辨率高的特点,而且穿透雾、烟、灰尘的能力强,弥补了激光雷达的不足。但毫米波雷达受制于波长,探测距离有限,也无法感知行人,并且对周边所有的障碍物无法进行精准的建模,而这恰恰是激光雷达的强项。激光雷达和毫米波雷达不仅可以在性能上实现互补,还可以大大降低使用成本,为无人驾驶的开发提供了一个新的选择。

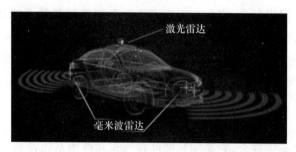

图 2.21 激光雷达和毫米波雷达融合

3. 视觉传感器与毫米波雷达融合

如图 2.22 所示,将视觉传感器和毫米波雷达进行融合,两者相互配合共同构成智能网联汽车的感知系统,可取长补短,实现更稳定可靠的 ADAS 功能。视觉传感器与毫米波雷达融合后,信息互补,可信度提高,识别能力增强。

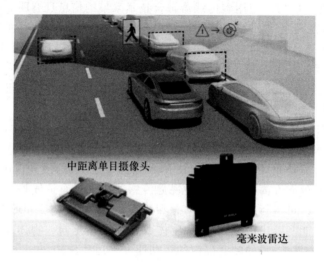

图 2.22 视觉传感器和毫米波雷达融合

2.4.2 联合感知的定义和分类

随着深度学习的发展,尽管单车感知系统的鲁棒性、准确性在语义分割和目标检测等任务中都有了显著提高,但由于其只能从自身视角感知环境,因此视野视距有限,视野容易受到遮挡且存在远距离感知结果稀疏等问题,难以处理复杂的动态交通环境。

为了突破单车感知系统的限制,同时得益于通信基础设施的建设和 V2X 等技术的发展,研究人员提出了联合感知技术:通过一定范围内的智能网联汽车、路侧基础设施等共享感知信息,实现从多个视点感知环境,使得感知结果更加完整、准确。

根据联合感知共享的信息类型和所处阶段,可以将联合感知划分为早期联合、后期联合和中期联合 3 类。

1. 早期联合

早期联合又称数据级联合,它是在智能网联汽车和路侧基础设施之间共享原始感知数据,在输入空间进行协同,先得到一个整体视角,然后进行后续处理,从而得到感知结果,如图 2.23 所示。尽管原始感知数据信息丰富,数据联合后感知精度高,但由于数据量过大,数据实时性低,容易因大量数据负载而使通信网络拥塞,这阻碍了早期在大多数情况下的实际使用。

2. 后期联合

后期联合又称决策级联合,它是在智能网联汽车和路侧基础设施之间共享感知结果,在输出空间中进行协同,如图 2.24 所示。尽管其感知结果的数据量小,耗费资源少,具有带宽经济性,但其丢失了大量细节信息,可处理性不足,且局部观测不完整,导致对车辆的定位误差非常敏感,估计误差和噪声较大。

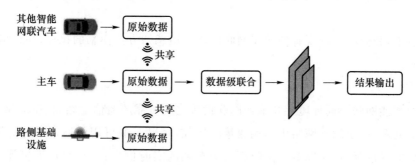

图 2.23　早期联合流程图

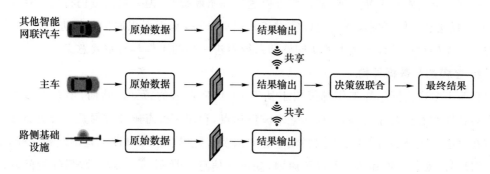

图 2.24　后期联合流程图

3. 中期联合

中期联合又称特征级联合,它是在智能网联汽车和路侧基础设施之间共享由每个个体的预测模型生成的中间特征,并在中间特征空间中进行协同,最终得到感知结果,如图 2.25 所示。中期联合与早期联合相比,可以获得更经济的通信带宽,与后期联合相比,可以升级感知能力,兼具其他两种方式的优点。目前针对中期联合的研究则尚显不足,主要有两个方面的挑战:一是如何从原始测量数据中选择最有利的特征进行传输;二是如何最高效地联合来自其他设备的特征来增强自身的感知能力。

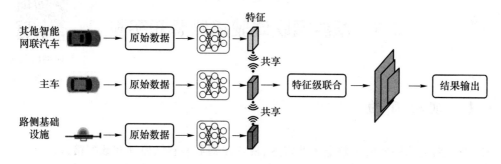

图 2.25　中期联合流程图

2.4.3 协同感知的挑战

在本节中,我们将讨论现有的智能网联协同环境感知方法面临的挑战,并给出一些潜在的发展方向。

1. 通信

有效的智能网联协同环境感知依赖网联设施之间可靠的通信。然而,在实际应用中,通信存在以下问题:一是随着网络中车辆数量的增加,每辆车辆可用的通信带宽有限;二是由于不可避免的通信延迟,车辆难以接收到其他车辆的实时信息;三是存在丢包等情况,甚至发生通信中断;四是 V2X 通信可能遭受攻击,无法始终提供可靠服务。

尽管通信技术在不断发展,通信服务质量也在不断提高,但上述问题仍将长期存在。然而,大多数现有工作都假设信息可以实时和无损地共享,基于理想通信条件进行研究,因此考虑这些通信约束并设计强大的协同感知系统对进一步的工作具有重要意义。

2. 多模态和数据异构

目前大多数协同感知工作都聚焦于基于 LIDAR 点云的感知。然而,还有很多类型的数据对感知有着重要作用,如图像和毫米波雷达点,利用多模态感知数据是一种更有效合作的潜在方法。此外,不同的智能网联汽车之间以及智能网联汽车和路侧基础设施之间,由于传感器型号、安装位置和角度不同等原因,提供的信息质量不同,导致了数据异构问题。然而现有研究很少关注异构和多模态协同感知,如何在异构车辆网络中进行协同成为协同感知进一步实际应用的一个挑战。

3. 大规模数据集

单车感知性能的提高离不开大规模数据集的增加和深度学习方法的发展。然而,现有的协同感知研究领域的数据集要么规模小,要么不公开,大规模开源数据集的缺乏阻碍了协同感知的进一步发展。此外,大部分数据集是基于仿真系统收集的,虽然仿真是一种经济、安全的验证算法的方法,但要将协同感知应用于实际,还需要真实的数据集。

2.5 智能网联驾驶路侧感知实验

智能网联驾驶
路侧感知实验

2.5.1 实验目的

① 通过路侧感知实验了解毫米波雷达、视觉传感器的感知原理和数据格式。

② 通过对交通场景中目标的识别,了解感知单元的性能。

2.5.2 实验原理

通过路侧毫米波雷达和网联摄像机进行感知,可以有效提高识别准确度和精度,同时配合 RSU,将感知数据(如交通参与者、道路物体等)全部通过路侧安全消息(Road Safety Message,RSM)、路侧消息(Road Side Information,RSI)广播到 V2X 网络中,向车辆广播,为机动车提供路口通行信息和交通安全信息提示。

针对视觉传感器采集的视频或图像数据,本实验基于 YOLOv5 进行识别分类,感知结果主要包括目标框、目标类别以及置信度 3 部分,如图 2.26 所示。

图 2.26 YOLOv5 感知结果示意图

不同型号的毫米波雷达的具体数据可能不同,但其结构都是类似的,以本实验所用毫米波雷达为例,数据结构为"RADAR 时间戳 跟踪 ID 目标类型(整数) 经度 纬度 V_x V_y 雷达坐标系 x 雷达坐标系 y 航向角",图 2.27 所示为毫米波雷达某一时刻的部分数据,以";"为不同感知目标分界,第一个感知目标解析结果为"雷达 radar,时间戳 1610358828.8133698,跟踪 id 9,目标类型 3,经度 117.28576670246768,纬度 31.73349388178001,V_x -9.75,V_y -0.5,x 6.909999847412109,y 1.1799999475479126,航向角 267.0643310546875"。

```
radar 1610358828.8133698 9 3 117.28576670246768 31.73349388178001 -9.75 -0.5
6.909999847412109 1.1799999475479126 267.0643310546875;
10 3 117.28653146167781 31.73349496297798 -4.25 -0.25 79.0999984741211
1.2999999523162842 266.633544921875;
13 3 117.28773596537906 31.73344090307961 15.5 0.75 192.8000030517578 -
4.699999809265137 87.22978210449219;
```

图 2.27 毫米波雷达感知的原始数据

2.5.3 实验内容

1) 步骤一

如图 2.28 所示,主菜单下单击"路侧感知实验"进入本次实验,进入实验后可以通过单击切换感知设备,分别了解视觉传感器的介绍和示意图(如图 2.29 所示)、毫米波雷达的介绍和示意图(如图 2.30 所示),单击"查看示例"可以查看对应感知设备的示例。

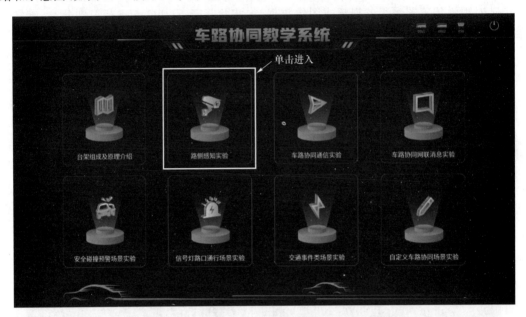

图 2.28 路侧感知实验

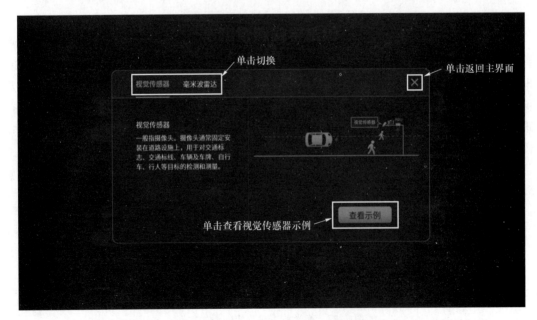

图 2.29 视觉传感器的介绍和示意图

图 2.30 毫米波雷达的介绍和示意图

2）步骤二

选择不同设备查看示例。

（1）视觉传感器

① 进入视觉传感器示例后单击"点击进入"查看详细实例，如图 2.31 所示。

图 2.31 视觉传感器感知结果示例选择

② 进入示例详情后可以单击切换不同感知天气条件，勾选不同感知类型，并通过单击

播放观察实验现象,其中界面左侧为原始素材,右侧为识别结果,识别结果主要包括目标框、目标分类和置信度三部分,实验结束后可以单击右上角"×"返回上级菜单,如图 2.32 所示。

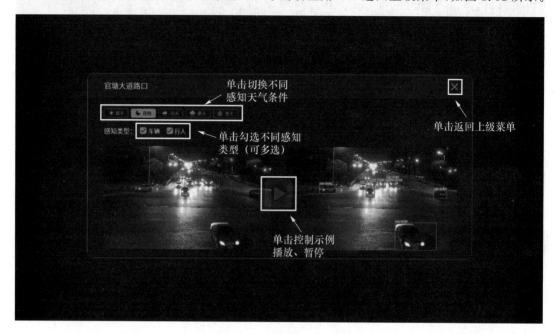

图 2.32 视觉传感器感知结果

(2) 毫米波雷达

① 进入视觉传感器示例后单击"点击进入"查看详细实例,如图 2.33 所示。

图 2.33 毫米波雷达感知结果示例选择

② 进入示例详情后可以看到整个实验界面分为 3 部分,从左到右依次是毫米波雷达的

原始数据、解析后的感知目标信息以及以二维图像形式展示的感知目标动态变化,实验结束后可以单击右上角"×"返回上级菜单,如图 2.34 所示。

图 2.34　毫米波雷达的感知结果

3) 步骤三

可以通过在实验选择界面进入不同实验加深理解,或者在结束实验后单击"×"返回主界面。

思 考 题

1. 智能网联驾驶感知的目的都有哪些?能为自动驾驶提供哪些帮助?

2. 智能网联驾驶感知的传感器类型有哪些?不同感知传感器的特点以及各自的优缺点分别有哪些?

3. 感知融合有哪些类型?各自的区别及优缺点分别是什么?

第 3 章
智能网联驾驶无线通信技术

智能网联驾驶
无线通信技术

在现代交通系统中,每辆智能网联汽车不再是独立封闭的个体,智能网联汽车之间,智能网联汽车与道路基础设施之间、行人以及云平台之间都有信息交互,用以保证交通参与者可以安全行驶,提高通行效率。

智能网联驾驶的"网联"主要是指通过通信技术实现车内、车-车、车-路、车-云之间的信息交互,本章主要讨论和关注智能网联驾驶无线通信技术。从历史脉络来看,智能网联驾驶无线通信技术经历了基于 IEEE 802.11 的专用短程通信(Dedicated Short Range Communication,DSRC)技术和基于蜂窝网络的车联网无线通信(Cellular Vehicle to Everything,C-V2X)技术两种主流技术。本章将主要对这两类技术进行介绍。

3.1 智能网联驾驶无线通信技术概述

智能网联驾驶中的核心关键技术是无线通信技术。无线通信技术决定了车际网和车载移动互联网等之间大范围、大容量数据的交互、共享的实时性和有效性,是当前国内外技术演进的研究热点。

3.1.1 无线通信技术介绍

如果车辆没有对外通信的能力,那么车辆在本质上就是一个孤岛。目前,用于智能网联驾驶无线通信的主流技术为 DSRC 技术和 C-V2X 技术。我国主导推动的是 C-V2X 技术,包括 LTE-V2X(基于 4G 蜂窝网络的车联网无线通信技术)和 5G-V2X(NR-V2X[17])(基于 5G 蜂窝网络的车联网无线通信技术)。

1. DSRC 技术

DSRC 系统由车载单元、路侧单元以及短程通信协议构成,基于 IEEE802.11p 通信标准,是一种高效的短距离,可应用于 V2X 的无线通信技术,有效覆盖区域为 3～30 m,主要实现车辆和道路的有机连接识别和负责在车路以及车辆之间建立信息的双向传输,实时传递语音、图像等数字信息。DSRC 具有传输速度快、受干扰程度小、安全性好等优点,实现了小区域内车辆识别、驾驶员识别、出入管理、ETC(Electronic Toll Collection,电子不停车收费)等,极大提升了人们的出行效率,其主要缺点在于通信覆盖距离短,需要针对基础设施进行大规模改造和投入,成本较大。

1) 演进发展

在智能交通的发展中,DSRC技术是ITS(Intelligent Transportation System,智能交通系统)的基础之一。随着智能交通的发展而不断发展,相关技术在20世纪90年代开始取得了突破性进展。1992年,美国材料试验学会(American Society for Testing Materials,ASTM)主要针对ETC业务的开发最先提出DSRC技术的概念,该通信技术采用915 MHz频段开展标准化工作[18]。

1995年,欧洲标准化委员会(CEN,Comité Européen de Normalization)完成了欧洲DSRC标准的制定。1997年,日本TC204委员会制定了日本的DSRC标准。2003年,美国材料试验学会通过了将ASTM E2213-03作为DSRC标准的提案。同年,IEEE协会成立WAVE研究工作组正式接手ASTM的工作,发展WAVE体系作为DSRC标准。2003年12月,在马德里召开的第十届ITS世界大会上,USDOT宣布在5.9 GHz分配75 MHz频谱进行DSRC研究,同时提出VII项目,目标是使V2V和V2I技术在小范围内应用测试。

2006年12月,USDOT与五大汽车厂商联合测试V2V和V2I在防碰撞系统中的作用,并确立新型以通信为基础的安全设施,主要包含路边网络(Roadside Network)和车载设备(On-board Vehicle Equipment)。只有当道路上有足够多的车辆支持V2V通信,V2V的作用才能得到充分体现。2010年,WAVE工作组正式发布了IEEE 802.11p车联网通信标准。该标准作为车载电子无线通信规范应用于ITS,成了DSRC标准下的底层协议。在2014年8月,NHTSA(National Highway Traffic Safety Administration,美国高速公路安全管理局)和USDOT(United States Department of Transportation,美国交通运输部)提出FMVSS No.150法案,该法案强制要求新生产的轻型汽车(载客和轻卡)支持V2V通信功能。2015年6月25日,美国众议院就此事举行听证会,NHTSA以及其他利益相关方再次就V2X案件进行辩护。

DSRC顶层协议栈是基于IEEE 1609标准开发的,V2V信息交互是使用轻量WSMP〔WAVE Short Message Protocol,波短消息(协议)〕而不是WIFI使用的TCP/IP协议,TCP/IP协议用于V2I和V2N的信息交互。DSRC的底层、物理层和无线链路控制基于IEEE 802.11p。使用IEEE 802.11系列标准的初心是利用WIFI的生态系统,但是WIFI最初设计用于固定通信设备,后来制定的IEEE 802.11p用于支持移动通信设备。

DSRC标准已经获得通用、丰田、雷诺、恩智浦、AutoTalks和Kapsch TrafficCom等的支持。通用已经有量产车凯迪拉克CTS,其搭载了DSRC(Aptiv提供系统,AutoTalks提供模块,恩智浦提供芯片)。丰田则在2016年就开始销售具备DSRC技术的皇冠和普锐斯(电装提供系统,瑞萨提供芯片)。

但在2020年11月,美国联邦通信委员会(Federal Communications Commission,FCC)正式决定5.850~5.925 GHz频段的划分:将低45 MHz(5.850~5.895 GHz)分配给Wi-Fi免授权设备,将高30 MHz(5.895~5.925 GHz)分配给C-V2X。这意味着曾经独享75 MHz频谱20年的DSRC被逐步放弃。

2）支持的业务

DSRC作为一种无线通信方式,在ETC系统中,具有传输速度快（1 Mbit/s）、受干扰程度小（专用通信频段5.8 GHz）、安全性好（伪随机加密算法）等特点,可以灵活地将路边和车辆联系起来,实现路边和车辆信息的双向实时传输。

基于这些特点,DSRC在ITS的许多子系统中得到应用,如公共运输系统（Advanced Public Transportation System,APTS）、商用车辆营运系统（Commercial Vehicle Operation Systems,CVOS）、交通信息系统（Advanced Traveler Information Systems,ATIS）和交通管理系统（Advanced Traffic Management Systems,ATMS）等。目前,DSRC系统已经被广泛地应用于ITS的各个方面,其作用如下。

实现电子收费:利用微波或红外无线读写识别设备对通过ETC车道的车辆实行车辆自动识别和不停车自动收费,可减少停车时间,提高通信能力。

提供道路交通信息:利用DSRC系统的双向交互功能,向交通信息中心提供各处的交通信息,中心对信息进行处理后,实时向驾驶员提供道路、交通及其他信息。

具有车辆监管及防盗功能:对车辆的车主、车型以及牌照等相关信息进行登记记录,DSRC系统可以实现对车辆的实时管理。若在主要路口、收费站安装路边设备,则被盗车辆在通过这些路口时,就可以被DSRC系统发现。

实现公共交通管理:采用DI（Device Identifier,产品标识）编码方式实现运营车辆定位,将车辆的位置数据传输到公交调度中心,实现运营车辆与指挥调度中心的实时通信,根据车辆运营状态的信息实现车辆的优化调度和管理;为乘客提供乘车线路、车票费、发车时间等信息,为驾驶员提供与公交有关的实时拥堵、可利用的停车空间等信息,提高公共交通的舒适性、安全性和通畅性,有效地管理公共交通并采集公交数据信息。

支持安全行驶:路边设备可以探测出前方、后方及周围车辆,并将附近区域车辆的车速、方向等信息经管理中心处理后提供给驾驶员,防止交通事故的发生。

实现特种车辆管理和紧急救援:通过对车辆属性的识别,实现对特种车辆（如警车、救护车、消防车等）的动态管理。当紧急情况发生后,可以依靠DSRC系统进行实时的交通信息和路况信息采集、处理,使紧急救援车辆以最快的速度在最短的时间到达事故发生地点。

为城市规划、道路规划提供交通数据:在需要调查的路段安装路边单元后,DSRC系统就可以在不停车状况下对不同类型车辆进行实时定点通行记载和交通量统计工作。

2. C-V2X技术

C-V2X技术是指基于蜂窝网络的V2X技术,该技术在DSRC技术之后推出,也具备车辆之间进行直接无线通信的功能,包括LTE-V2X以及正在发展的5G-V2X技术,可提供蜂窝通信和直接通信两种工作模式,提供Uu（蜂窝网络-车载终端通信）接口和PC5（短距离直接通信）两种接口。

LTE-V2X主要承载基本交通安全业务,5G-V2X主要承载自动驾驶相关业务。蜂窝通信借助于已有的LTE蜂窝网络,支持网络覆盖范围广、带宽需求大的通信连接;两个用户节点直接进行通信,这就是D2D（Device to Device）通信模式。C-V2X技术在通信覆盖范围、高容量、抗干扰性等方面的性能全面优于DSRC技术。

1）演进发展

2015年年初,3GPP正式启动基于C-V2X的技术需求和标准化研究,2015年年初

3GPP需求工作组开展C-V2X需求研究,于2016年3月完成结项;2016年年初3GPP架构工作组启动C-V2X架构研究,于2016年年底完成标准化。

在国际标准方面,C-V2X技术标准的演进可以分为两个阶段——LTE-V2X和5G-V2X(NR-V2X),如图3.1所示。

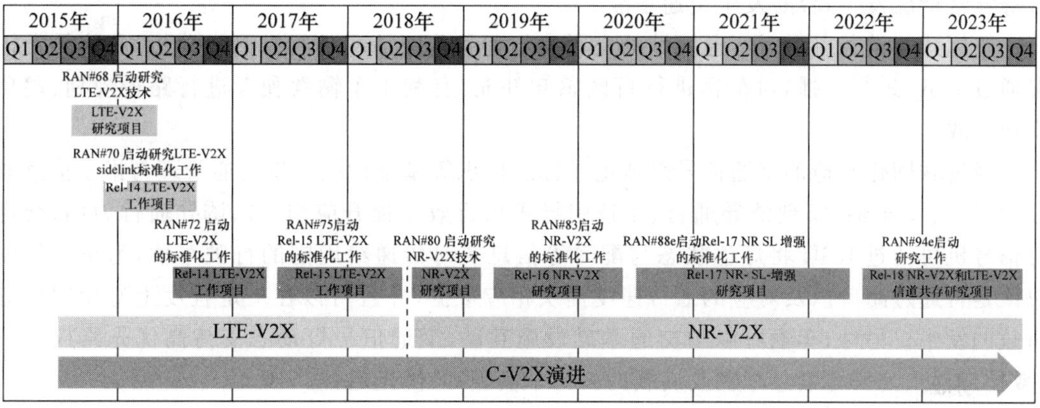

图3.1 C-V2X技术标准的演进

LTE-V2X由3GPP的Rel-14和Rel-15技术规范定义。其中,Rel-14在蜂窝通信中引入了支持V2X短距离直通通信的PC5接口,支持面向基本道路安全业务的通信需求,主要实现辅助驾驶功能,已于2017年3月完成,这标志着3GPP完成了LTE-V第一阶段的标准,即完成了基于终端直通(D2D)模式的车车通信(V2V)标准化,通过深入研究引入了更优化的物理层解调参考信号、资源调度、干扰协调等技术。Rel-15技术规范定义对LTE-V2X直通链路进行了增强,包括多载波操作、高阶调制(64QAM)、发送分集和时延缩减等新技术特性,已于2018年6月完成。

5G-V2X研究基于5G新空口的直通通信方式(PC5接口)和蜂窝通信方式(Uu接口)增强,主要用于支持车辆编队行驶、远程驾驶、传感器扩展等高级V2X业务需求。3GPP于2019年3月完成了Rel-16 NR-V2X的研究课题,于2020年6月完成了Rel-16 NR-V2X标准化项目,后续将在Rel-17增强标准化工作中研究弱势道路参与者的应用场景。

目前5G eMBB Uu已经实现了规模商用,LTE-V2X在全球产业界的共同努力下,也已经达到商用条件。虽然NR-V2X的关键技术还在实验过程中,但总体来说,LTE-V2X能满足当前的商业应用要求,即有人驾驶的辅助驾驶安全和中低速度的自动驾驶。针对高速的高级自动驾驶需要NR-V2X技术支撑,NR-V2X版本标准目前处于制定过程之中,基本标准版本于2020年6月份完成,频率规划与分配等还没有达成共识。2022年6月Rel-17版本宣布冻结,Rel-17带来一系列全新的直连通信增强特性,比如优化资源分配、节电和支持全新频段。

2)支持的业务

C-V2X技术实现了车辆与车辆或者路侧基础设施之间的实时通信,也实现了超视距、低时延、高可靠的道路安全相关信息感知,从而实现了十字交叉路口碰撞预警、紧急刹车预警等车辆行驶安全应用。

以十字交叉路口为例,美国、加拿大等的统计数据表明,高达近50%的交通事故发生在交叉路口或与路口相关,其是道路安全中极具挑战性的场景。在十字交叉路口碰撞预警应用中,车辆广播基本安全消息,携带自身身份、定位、运行状态、轨迹等信息,交叉路口其他方向来车通过接收信息进行行驶决策。再如,山区高速公路弯道较多,特别是在上、下匝道区域,由于道路线型、山体遮挡的影响,车辆无法及时获取前方道路信息,一旦有突然停车、遗撒等异常情况发生,容易发生交通事故。

路侧感知设备可以对弯道区域的交通参与者和路面情况进行探测与分析,并将异常情况通过RSU进行广播,对车辆进行盲区感知补充,有利于车辆驾驶者进行路径规划、避免交通事故。

经过联网化改造的交通信号灯或电子标志标识等基础设施可将交通管理与指示信息通过RSU告知车辆,实现诱导通行、车速引导等出行效率提升应用。以诱导通行为例,交通灯信号机可通过RSU将灯色状态与配时等信息实时传递给周围的行驶车辆,为车辆驾驶决策是否通过路口以及对应的通行速度提供相应依据,并且可以在一定程度上避免闯红灯事故的发生。另外,车辆可以与交通基础设施互动,交通信号灯动态支持高优先路权车辆(救护、消防、公安等紧急车辆及满载的公交车辆等)的优先通行。

随着自动驾驶智能化与网联化的协同发展,单独使用单车智能难以支撑自动驾驶,特别是在应对极端情况(Corner Case)和成本难题的时候。基于C-V2X提供的通信和连接能力实现了网联化,并协同单车的智能控制管理,支撑自动驾驶中所需要的信息实时共享与交互、协同感知和协同控制。前述用于辅助驾驶阶段的车车和车路协同基本功能在自动驾驶中仍然是必要的。对于自动驾驶阶段,基于C-V2X的车车和车路协同可产生的直接影响包括但不限于以下情景。

(1) 远程遥控驾驶

借助于通信和远程监控,通过获取车辆的行驶状态和周边交通环境信息,实时发送指令控制远在几十米甚至几百千米之外的车辆,让车辆完成启动、加/减速、转向等真实驾驶操作,可避免极端事故的发生,以及实现自动驾驶发生事故发生后的远程接管和处理。

(2) 编队行驶

区别于协同式自适应巡航控制,利用C-V2X通信的低时延、高可靠通信能力,编队车辆通过直通通信实现实时交互。编队成员车辆可以在最短时间内接收到头车/前车的驾驶策略与驾驶状态信息,进行同步加速、刹车等操作,从而保持预期的编队构型和编队的稳定性,可减少编队成员车辆的空气阻力,有效降低车辆燃油消耗。

越来越多的智能网联汽车、智能化道路基础设施之间实现互联,将衍生出更多的应用服务类应用,如实时的交通诱导、实时的道路事故/工程提醒、实时的路段天气播报(如高速公路团雾等)、出行即服务(Mobility as a Service,MaaS)等,有助于推行商业模式创新和可持续的行业生态体系,以及通过车联网支撑汽车行业和交通行业的转型升级,提供低碳汽车产品及降低交通事故发生概率、提升交通效率等的应用,从而支撑我国"碳达峰"、"碳中和"战略目标的有效达成。

3.1.2 通信技术的指标和测试方法

在智能网联驾驶无线通信技术中,最主要的指标包括通信距离、丢包率(Loss Tolerance

或 Packet Loss Rate)、通信时延、接收信号强度、信噪比、通信速率等。通信距离指两个节点之间不通过中继器能够实现的最远有效距离，是一个重要的性能指标，它影响着设备的可靠性和覆盖范围。步点测试是一种常用的评估 V2X 设备的通信距离的方法。步点测试是在实际的道路环境中进行的，主要包括以下步骤。

- 环境准备：选择合适的测试场地，在不同的道路类型和条件下进行测试。确保测试环境没有干扰源或其他无线设备的干扰。
- 设备设置：将待测试的 V2X 车辆终端(OBU)和路侧设备终端(RSU)安装在测试车辆和道路侧的合适位置。
- 方案测试：制订测试方案，包括测试路线、速度、通信模式等参数。通常会进行不同距离的测试，如 10 m、50 m、100 m 等，以覆盖不同的通信距离。
- 数据采集：启动测试车辆，按照测试方案进行行驶。同时，记录通信距离、信号强度、通信成功率等关键数据。
- 数据分析：根据采集的数据，进行数据分析和统计。评估通信距离的稳定性、通信质量和覆盖范围，并生成测试报告。

在进行步点测试时，需要注意确保测试环境符合实际应用场景，考虑到道路类型、信号干扰、障碍物等因素对通信距离的影响；保持测试条件的一致性，如相同的天气条件、车辆速度、通信模式等，以便对结果进行准确比较和评估；使用合适的测试设备和工具，如信号强度计、数据采集设备等，确保数据的准确性和可靠性；进行多次测试，以获取更可靠的结果，并验证测试结果的一致性和稳定性。

通过步点测试，可以评估 V2X 设备的通信距离性能，并为设备的部署和优化提供参考和依据。同时，测试结果也可以用于系统设计和改进，以提高车路协同通信的可靠性和扩大其覆盖范围。

丢包率是指测试中所丢失数据包数量占所发送数据组的比率。丢包率与数据包长度以及包发送频率相关。具体测试方法说明见 3.5 节。

通信时延我们一般指的是应用层到应用层的传输时延，可分为单侧测试时延和回环测试时延。具体测试方法说明见 3.5 节。接收信号强度指测试设备接收到 OBU、RSU 广播的 V2X 消息的信号强度大小。测试设备的接收信号强度可反映待测设备在其作用范围内辐射的信号强度。一般测试 V2X 设备接收到的信号强度的方法有 3 个。

- 使用无线信号强度计。使用专业的无线信号强度计来测量 V2X 设备接收到的信号强度。这种仪器可以精确地测量信号的功率水平，并提供以毫瓦分贝(dBm)为单位的结果。将无线信号强度计放置在 V2X 设备附近，记录并记录接收到的信号强度值。
- 使用可编程测试设备，如软件定义无线电(Software Defined Radio, SDR)或专用的 V2X 测试设备。通过配置测试设备，将其设置为发送已知功率水平的 V2X 信号，然后在 V2X 设备的接收端测量信号强度。这种方法可以提供更准确和可控的测试结果。
- 进行场地测试。也就是说，在真实的场地环境中进行测试。安装 V2X 设备，并在不同的位置和距离下测试接收到的信号强度。可以使用事先安装好的 V2X 路侧设备或移动的 V2X 测试设备作为信号源，发送 V2X 信号，然后测量 V2X 设备接收到的信号强度。记录测试点的位置和相应的信号强度值。

在进行接收信号强度测试时,应需注意确保测试环境没有其他无线设备的干扰,以便准确测量 V2X 设备接收到的信号强度;测试时应覆盖不同的距离和位置,以获取全面的信号强度数据;进行多次测试以获取可靠的结果,并计算平均值或范围,以考虑环境变化和测量误差;在测试中记录相关的参数,如测试位置、发送功率、测试设备型号等,以便后续分析和比较。

通过测试接收信号强度,可以评估 V2X 设备在不同位置和距离下的接收能力,为系统设计、设备部署和性能优化提供参考。这有助于确保 V2X 通信的可靠性和稳定性,提高车辆之间、车辆与基础设施之间的通信质量。

信噪比是基本的通信性能参数,反映了设备的通信状态,直接影响 V2X 消息是否能够被解析,测试 V2X 信噪比的主流方法有 2 种。

- 使用专业测试设备,如信号分析仪或频谱分析仪。将 V2X 设备连接到测试仪器,并将其设置为接收模式。然后,在测试环境中发送已知功率的信号,记录 V2X 设备接收到的信号强度和噪声水平。通过将信号强度与噪声水平相除,计算得到信噪比值。
- 进行场地测试。也就是说,在真实的场地环境中进行测试。安装 V2X 设备,并在不同的位置和距离下进行测试。发送已知功率的 V2X 信号,记录 V2X 设备接收到的信号强度和噪声水平。将信号强度与噪声水平相除,计算得到信噪比值。

在进行信噪比测试时,应确保测试环境没有其他无线设备的干扰,以便准确测量 V2X 设备的信号质量和噪声水平;测试时应覆盖不同的距离和位置,以获取全面的信噪比数据;进行多次测试以获取可靠的结果,并计算平均值或范围,以考虑环境变化和测量误差;在测试中记录相关的参数,如测试位置、发送功率、测试设备型号等,以便后续分析和比较。

通过测试信噪比,可以评估 V2X 设备在不同位置和距离下的信号质量和噪声水平。这有助于确定设备的接收性能和干扰抵抗能力,为系统设计和优化提供参考,并可确保 V2X 通信的可靠性和稳定性,提高车辆之间、车辆与基础设施之间的通信质量。

通信速率是指设备之间进行通信时传输数据的速率。它表示在单位时间内可以传输的数据量,通常以 Mbit/s(兆比特每秒)为单位。

要测试通信速率,可以采用以下方法。

- 进行基准测试:使用专业的测试设备和工具进行基准测试。将 V2X 设备放置在测试环境中,通过配置保证其可在测试环境中正常通信。通过发送不同大小的数据包,并测量传输时间,可以计算出通信速率。测试工具通常会提供速率测量功能,可以直接获取传输速率的结果。
- 进行实际场景测试。也就是说,在真实的道路环境中进行测试。安装 V2X 设备,并进行实际的通信场景模拟。通过发送不同大小的数据包,并记录传输时间,可以计算出通信速率。测试过程中需要考虑车辆移动的影响,以获取更真实的速率数据。

在进行通信速率测试时,需要确保测试环境没有其他无线设备的干扰,以获得准确的速率测量结果;进行多次测试以获取可靠的结果,并计算平均速率,以考虑环境变化和测量误差;测试时应覆盖不同的数据包大小和通信距离,以获取全面的速率数据;在测试中记录相关的参数,如数据包大小、传输时间、测试位置等,以便后续分析和比较。

通过测试通信速率,可以评估 V2X 设备之间的数据传输性能,为系统的设计和优化提供参考。这有助于确保 V2X 通信的实时性和可靠性,提高车辆之间、车辆与基础设施之间的通信效率。

3.2 LTE-V2X 技术

3.2.1 LTE-V2X 技术的定义及架构

1. LTE-V2X 技术的定义及标准体系

LTE-V2X 是指基于 LTE 移动通信技术演进形成的 V2X 车联网无线通信技术,是融合 LTE 网络的车辆通信解决方案,支持授权频段的信息传输。LTE-V2X 包括蜂窝通信(Uu) 和直接通信(PC5)两种工作模式[19]。针对车联网的跨行业属性,汽车、电子、信息通信、交通运输等行业联合出台了《国家车联网产业标准体系建设指南》,对产业急需的 LTE-V2X 全协议栈标准、基础设施建设标准等进行重点布局,完成了覆盖总体要求、接入层、网络层、消息层、应用功能等各个方面的技术标准规范的制定,有效支撑了跨行业企业的协同研发与产业化,具体标准详见表 3.1。

表 3.1 我国车联网 LTE-V2X 全协议栈标准

标准分类	标准名称	标准等级	标准组织	状态
总体要求	《基于 LTE 的车联网无线通信技术总体技术要求》	行业标准	CCSA	已发布
接入层	《基于 LTE 的车联网无线通信技术空中接口技术要求》	行业标准	CCSA	已发布
	《基于 LTE 的车联网无线通信技术支持直连通信的车载终端设备技术要求》	行业标准	CCSA	已发布
	《基于 LTE 的车联网无线通信技术支持直连通信的终端设备测试方法》	行业标准	CCSA	已发布
	《基于 LTE 的车联网无线通信技术支持直连通信的路侧设备技术要求》	行业标准	CCSA	已发布
	《基于 LTE 的车联网无线通信技术支持直连通信的路侧设备测试方法》	行业标准	CCSA	已发布
网络层	《基于 LTE 的车联网无线通信技术网络层技术要求》	行业标准	CCSA	已发布
	《基于 LTE 的车联网无线通信技术网络层测试方法》	行业标准	CCSA	已发布
消息层	《基于 LTE 的车联网无线通信技术消息层技术要求》	行业标准	CCSA	已发布
	《基于 LTE 的车联网无线通信技术消息层测试方法》	行业标准	CCSA	已发布
安全	《基于 LTE 的车联网通信安全技术要求》	行业标准	CCSA	已发布
	《基于 LTE 的车联网无线通信技术安全证书管理系统》	行业标准	CCSA	已发布
	《基于 LTE 的车联网无线通信技术安全认证测试方法》	行业标准	CCSA	制定中
系统要求	《基于 LTE-V2X 直连通信的车载信息交互系统技术要求》	国家标准	全国汽车标准化技术委员会	制定中
	《基于 LTE 的车联网无线通信技术直连通信路侧系统单元技术要求及试验方法》	团体标准	CSAE 和 C-ITS	已发布
标识	《基于 LTE 的车联网无线通信技术应用标识分配及映射》	行业标准	CCSA	报批稿

2. LTE-V2X 技术的架构说明

LTE-V2X 的网络架构[20-21]如图 3.2 所示,LTE-V2X 的网络架构接口说明如表 3.2[22]所示。在 LTE-V2X 网络架构中,主要功能实体如下。

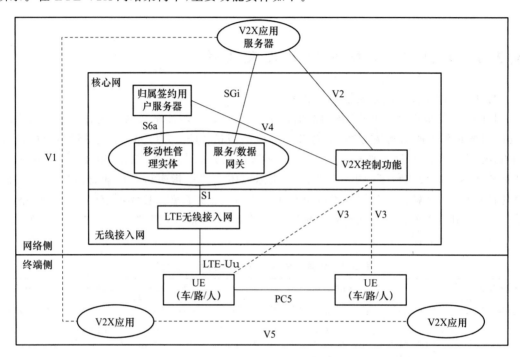

图 3.2 LTE-V2X 的网络架构[20]

V2X 应用服务器:位于蜂窝网之外的 V2X 管理实体,提供对全局 V2X 通信的策略和参数的管理功能,以及对 V2X 终端的签约信息和鉴权信息的管理功能。

归属签约用户服务器(Home Subscriber Server,HSS):是一个中央数据库,可用于存储 V2X 通信中与用户相关的信息以及与订阅相关的信息,实现移动性管理、会话建立、用户认证和访问授权等功能。

移动性管理实体(Mobility Management Entity,MME):主要负责 V2X 通信中的移动性管理和控制,具有用户的鉴权、寻呼、位置更新和切换等功能。

服务网关(Serving Gateway,SGW):主要负责 V2X 通信中上下文会话的管理和数据包的路由和转发,相当于数据中转站。

数据网关(Packet Data Network Gateway,PGW):主要负责连接到外部网络、会话管理和承载控制等功能。

V2X 控制功能(V2X Control Function,VCF):对 UE 进行 PC5/LTE-Uu 的 V2X 传输参数的配制管理。

LTE 无线接入网:不同于核心网负责业务的处理,接入网主要负责用户的接入,对于所接入的业务提供承载能力。

UE:根据获取的 V2X 通信的策略和参数配置信息,在 PC5 或者 Uu 接口上进行 V2X 通信。

表 3.2　LTE-V2X 的网络架构接口说明[22]

接口	功能
V1	V2X 应用与 V2X 应用服务器之间的接口
V2	V2X 应用服务器与 V2X 控制单元之间的接口
V3	V2X 用户设备与 V2X 控制单元之间的接口
V4	归属签约用户服务器与 V2X 控制单元之间的接口
V5	不同 V2X 终端的 V2X 应用之间的接口
S1	LTE 无线接入网和 MME、SGW/PGW 之间的接口
S6a	归属签约用户服务器与移动性管理实体之间的接口
SGi	V2X 应用服务器和服务/数据网关之间的接口

3.2.2　LTE-V2X 的关键技术

陈山枝博士及大唐研究团队在 2013 年 5 月 17 日(国际电信日)最早提出了 LTE-V2X 的概念与关键技术,确立了 C-V2X 的基本系统架构、技术原理和技术路线。作为蜂窝网络技术支持车联网通信的第一阶段,LTE-V2X 首次有机结合了蜂窝通信技术和直通通信技术,以 LTE 系统为蓝本对系统架构进行了针对性优化和增强设计,相应的物理层信道结构、资源分配方法、同步机制等技术原理都成为满足低时延、高可靠的车联网通信需求的重要基础。

1. 通信模式

结合了蜂窝通信技术与直通通信技术的 LTE-V2X 包含两种通信模式。

1) 蜂窝网络模式(LTE-V-cell)

蜂窝网络模式也称为集中式,该模式需要基站作为控制中心,其主要工作原理如下:终端和基站之间通过 Uu 接口通信,基站作为集中式的控制中心和数据信息转发中心,完成集中式无线资源调度、拥塞控制和干扰协调,如图 3.3 所示。

该模式使用传统移动宽带许可频段,适用于长程业务(大于 1 千米),如前方事故等消息的发送。

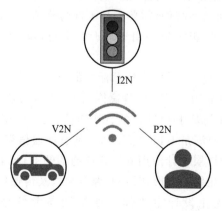

图 3.3　蜂窝网络模式

2) 直通通信模式(LTE-V-direct)

直通通信模式又称为分布式,该模式无须基站作为支撑。车、人、路之间通过PC5接口实现短距离直连通信,用于解决车联网中终端间低时延、高可靠传输的问题,如图3.4所示。

该模式使用ITS频段(如ITS 5.9 GHz),可独立于蜂窝网络运作,适用于短程业务(小于1千米),如位置、速度等消息的分发。

图3.4 直连通信模式

这两种通信模式共同支持车联网多样化的应用需求。蜂窝网络模式和直通通信模式的优势互补,通过合理分配系统负荷,自适应快速实现车联网业务高可靠和连续通信:Uu接口基于4G/5G频段支持时延不敏感业务(如地图下载、信息娱乐等业务);PC5接口基于ITS专用频段支持低时延、高可靠业务(如V2V、V2I、V2P等道路安全业务)。

另外,LTE-V2X技术通过增加V2X应用层与接入层间的适配层,实现了通信模式智能选择,支持业务分流控制、无线传输控制、业务质量管理、连接控制管理等功能。

2. 物理层关键技术

LTE-V2X的物理层设计面临以下技术挑战和难题:V2X业务低时延、高可靠为严苛通信需求;V2X通信系统中较高的节点度和较大的业务量,要求尽量提升系统资源利用率;由于车辆高速移动带来的多普勒频移影响,现有的频偏估计方案不能满足要求;V2X工作的高载频带来的频偏对信道估计产生了巨大挑战;由于无线通信半双工的限制,任一时刻只能接收或发送,这对可靠性和系统容量等造成影响。在蜂窝通信系统中,终端和基站一对一进行上下行通信;而在V2X通信系统中,需要支持不同时刻和不同距离的多对多节点间通信,接收功率变化范围大(可达80 dB),同时由于远近效应的影响,信号泄漏对邻频接收信号的干扰较大[23]。

针对以上技术挑战和难题,为了加快技术标准的研究开发进度,LTE-V2X的物理层设计中,对于LTE-Uu口尽量复用LTE 4G蜂窝网络的设计,只做必要的技术增强设计;而对于LTE-V2X最重要的终端间基于PC5口的直通通信、基于支持直通通信的LTE 4G蜂窝通信技术进行优化设计,以便满足LTE-V2X PC5的直通通信需求。

LTE-V2X直连链路物理层设计沿用支持直通通信的LTE 4G蜂窝通信技术PC5口的物理层基本框架,主要体现在传输波形、时频资源定义以及传输信道处理流程等方面。针对V2X特点进行的物理层优化设计主要体现在解调参考信号(Demodulation Reference Signal,DMRS)设计、控制信道和设计数据信道复用方式,以及自动增益控制(Automatic

Gain Control,AGC)设计上。

3. 资源分配方法

由于 LTE-V2X PC5 系统中分布式节点间可能通过共享资源池中的无线资源进行传输,因此如何对有限的无线资源进行合理分配和有效管理,成为需要重点解决的问题,以便支持 V2X 应用性能,减少系统干扰,提升系统容量及达到联合的最佳状态。LTE-V2X 的资源分配方法需要考虑以下因素[24]。

业务需求:LTE-V2X 面向基本道路安全应用,V2X 业务具有低时延、高可靠的严苛通信需求。

多对多广播通信:蜂窝通信的基本通信方式是终端和基站间的点对点通信,而 LTE-V2X 中是单点对多点和多点对多点的广播方式。多种因素影响多对多通信的可靠性和资源利用率,如车辆快速移动导致的网络拓扑变化快问题、无线通信半双工的影响,以及远近效应、邻频泄漏以及资源碰撞等带来的干扰影响等。

集中式和分布式资源分配方法:与蜂窝通信基站的依赖关系会影响资源分配方法的设计,如需满足覆盖内必须支持集中式资源分配方法、覆盖外必须支持分布式资源分配方法,此外,集中式分配机制中还需进一步考虑终端和基站交互的信令开销、时延等因素。

地理位置信息:LTE-V2X 终端间需要周期性交互状态信息的消息(必须包括位置信息),而蜂窝网络的节点不一定能获得位置信息。利用车联网特有的位置信息进行资源管理,可减少干扰,提高资源利用率。

手持终端(Pedestrian UE,P-UE)的节电需求:P-UE 指行人、自行车等弱势交通参与者使用的终端,车载终端或路侧设备由于可获得持续供电,不需要考虑节电问题,而 P-UE 与蜂窝网络终端类似,需要考虑节电问题,并考虑与车载终端进行通信的兼容设计。

基于终端的直通通信具有时延低、通信容量大和频谱利用率高等优点,是 V2X 安全类业务的基本工作方式。根据 PC5 口的资源分配方法和蜂窝通信基站的关系,资源分配方法可分为以下两种。

模式 4:UE 自主资源选择(分布式资源分配方法)。自主资源选择机制不通过基站调度进行 UE 间直通通信,避免了基站调度的信令开销。UE 与基站间是松耦合的关系,UE 对蜂窝网络和基站的依赖性降低。车辆可能行驶在蜂窝网络覆盖内、蜂窝网络覆盖外等不同场景,需要保证 V2X 业务的连续性和可靠性。在蜂窝网络覆盖内时,可通过系统信息或 RRC 信令配置 UE 的收发资源池信息;在蜂窝网络覆盖外时,可利用预配置的资源池信息。在资源池中,UE 自主选择适合 V2X 应用的时频资源进行发送。

模式 3:基站资源调度分配(集中式资源分配方法)。基站资源分配机制中,由于 UE 发送的资源是 eNB 集中调度的,因此可很好地避免资源冲突。进一步结合 UE 的地理位置信息,eNB 可实现基于地理位置的资源分配。eNB 可以获知比 UE 之间感知范围更广的资源占用信息,可较好地解决隐藏节点的问题。通过 eNB 集中调度,可提高数据传输的可靠性和效率,模式 3 的 eNB 调度方式是 LTE-V2X 的重要组成部分。

4. 同步机制

直通链路以 LTE 上行链路为基础进行设计,沿用了 LTE 同步系统的基本思路。在无线传输层面,系统内各个 UE 均需保持相同的时间、频率基准,这样才能正确实现频分复用操作;在资源池配置层面,统一的时间、频率基准也是系统内资源池配置的基础。LTE-V2X

直通链路有 4 种基本的同步源：GNSS、基站、发送直通链路同步信号（Sidelink Synchronization Signal，SLSS）的终端以及终端内部的时钟。在蜂窝系统中，基站是唯一的同步源；而在 LTE-V2X 系统中，由于 UE 或者 RSU 配有 GNSS 模块，因此它们能够直接获得 GNSS 信号，其定时和频率精度都比较高，可以作为同步参考源为附近其他节点提供必要的同步信息。

通常认为 GNSS 和基站的同步源具有最高的同步级别，系统根据终端是否直接从 GNSS 或者基站获取同步，形成一个同步优先级的层级关系，具体优先级别顺序如下[20]。

Level1：系统（预）配置的 GNSS 或者基站。

Level2：与 Level1 直接同步的参考终端。

Level3：与 Level2 直接同步的参考终端，即与 Level1 间接同步。

Level4：其他参考终端。

5. 服务质量管理

PC5 接口的 LTE-V2X 通信机制中的服务质量（Quality of Service，QoS）机制可以针对不同业务提供差异化的传输服务，QoS 采用 ProSe Per-Packet Priority（PPPP）机制，其特点在于以逐个数据分组的粒度定义其发送优先级。具体来说，UE 将上层提供的 V2X 数据分组的消息优先级映射为接入层使用的发送优先级 PPPP，并用于底层发送过程。PPPP 取值为 1~8（1 代表最高优先级，8 代表最低优先级）。在模式 4 下，UE 内部发送依据数据分组的 PPPP 优先级，先高后低安排发送服务。不同的 PPPP 可以映射至不同的发送分组时延预算（Packet Delay Budget，PDB），原则上优先级越高对应的时延预算越小。在模式 3 下，发送 UE 将 PPPP 通知基站，基站依据 PPPP 和 UE 聚合最大速率，进行 UE 内部各数据间以及 UE 间数据的调度决策。

6. 拥塞控制

在车联网应用环境下，在道路发生拥堵时，聚集的各个车辆持续对外广播 V2X 消息，很容易造成空口信道的拥塞。拥塞控制机制使车辆感知到信道的拥塞状态并自适应地减少发送需求（包括发送频度、发送资源、发送功率等）；而在信道非拥塞时，各个车辆逐步增加常规的发送需求。拥塞控制的核心是保证各个车辆之间传输资源占用的公平性，并且优先保证高优先级数据分组的发送。支持拥塞控制机制，可以提高系统资源利用率，减少系统干扰，提高消息接收的可靠性。

LTE-V2X 标准未规定具体的拥塞控制算法，仅定义了拥塞控制的基本框架，包括信道拥塞状态的衡量标准以及拥塞状态与发送参数之间的映射关系。信道拥塞程度的衡量标准为接收 UE 角度的资源池粒度的信道忙比例（Channel Busy Ratio，CBR）。

7. LTE-V2X 对 Uu 接口的增强技术

LTE Uu 接口也可用于传输 V2X 业务，针对 V2X 业务的特点，Uu 接口为支持 V2X 传输进行了增强设计。

① V2X 业务质量指示。V2X 业务对时延、可靠性等有较严苛的要求，通常对业务质量有明确的要求。在 3GPP 标准中，服务质量通常用服务质量分类标识（QoS Class Identifier，QCI）定义，QCI 是一个数量等级，代表了系统应该为某项业务提供的业务质量特性[25]。QCI 影响的是基站对 Uu 的调度行为，对 UE 无直接影响。

② 上行链路半持续调度（Uplink Semi-Persistent Scheduling，UL SPS）增强。针对

V2X 消息的周期性特点,在上行链路需要进行半持续调度,从而降低基站信令开销。传统的上行链路半持续调度只有 1 个进程,为了支持 V2X 业务所呈现的多种周期性业务并发的现象,LTE-V2X 标准引入了上行多 SPS 进程的设计,基站最多可配置 8 个不同参数的 SPS 配置,所有的 SPS 配置可同时被激活。

③ 下行广播周期优化。Uu 接口支持 V2X 业务,为提升效率,可以使用广播模式。V2X 消息分发的距离通常仅为几百米,为了降低广播区域范围,提升效率,可以由 V2X 应用服务器指定根据地理位置信息选择合适的目标标识,作为广播发送区域。

3.2.3 LTE-V2X 与 DSRC 的对比

LTE-V2X 是基于长期演进的技术空口,将蜂窝通信和直通通信相结合的车联网通信技术,由 3GPP 主导制定规范,主要参与厂商包括华为、大唐、LG 等;DSRC 主要基于 IEEE802.11p 与 IEEE1609 系列标准,是一种专门用于 V2V 和 V2I 之间的通信标准,主要由美国、日本主导。

LTE-V2X 针对车辆应用定义了两种通信方式:蜂窝方式(LTE-V-Cell)和直通通信模式(LTE-V-Direct)。其中,LTE-V-Cell 通过 Uu 接口承载传统的车联网远程信息处理业务,LTE-V-Direct 通过 PC5 接口实现车、人、路之间的短距离直连通信,保证车联网中终端间的低时延、高可靠性,促进实现汽车安全驾驶。

在 DSRC 架构中,路侧单元是其重要组成部分,并且通过有线光纤的方式连入互联网。汽车可实现安全业务和远程信息处理业务。车与车之间的信息交换通过路侧单元和车载设备之间的通信实现,远程信息处理业务通过 IEEE 802.11p+路侧单元回程的方式实现。

LTE-V2X 技术和 DSRC 技术均需要路侧单元,但两种技术的路侧单元的承载能力不尽相同。两种技术中,路侧单元均会为汽车提供道路相关的信息(如红绿灯、限速等信息),在 V2I 的模式下将这些信息发送给汽车。

LTE-V2X 技术与 DSRC 技术的性能对比如表 3.3 所示。

表 3.3 LTE-V2X 技术与 DSRC 技术的性能对比

性能	DSRC 技术	LTE-V2X 技术
支持车速	200 km/h	500 km/h
带宽	75 MHz	可拓展到 100 MHz
传输速率	3~27 Mbit/s,平均 12 Mbit/s	峰值上行 500 Mbit/s,下行 1 Gbit/s
通信距离	约 225 m,容易被建筑遮挡,受路侧单元密度影响	大于 450 m
IP 接入方式	部署路侧单元作为网关	通过蜂窝基站接入,集中调度
成熟度	已成熟	基本成熟
长期演进	目前无后向演进计划	可平滑演进至 5G
应用场景	短距离、低时延 协议仅支持终端设备之间的直连通信	长距离、广覆盖 可满足车路协同、自动驾驶等要求

3.3 5G-V2X 技术

3.3.1 5G-V2X 技术的定义与架构

1. 5G-V2X 技术的定义

5G 是第五代移动通信系统，是 4G 的延伸，是对现有无线接入技术（包括 3G、4G 和 Wi-Fi）的技术演进，是一些新增的补充性无线接入技术集成后解决方案的总称。从某种程度上来讲，5G 是一个真正意义上的融合网络，以融合和统一的标准，提供人与人、人与物及物与物之间高速、安全和自由的连通。除了要满足超高速的传输需求外，5G 还需满足超大带宽、超高容量、超可靠性、随时随地可接入等要求。

5G-V2X 技术（又名 NR-V2X 技术），是在传统 C-V2X 的基础上，引入 5G 网络和边缘计算（Mobile Edge Computing），充分利用 5G 网络的高带宽、高可靠性和低时延等特性，挖掘边缘计算的潜能，助力智能网联驾驶。

2. 5G-V2X 技术的架构

5G-V2X 的网络架构[20,26]如图 3.5 所示，5G-V2X 的网络架构接口说明如表 3.4 所示。在 5G-V2X 网络架构中，主要功能实体如下。

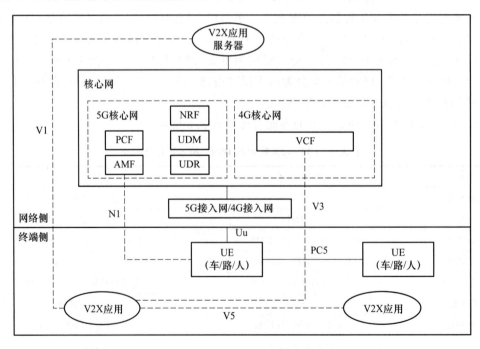

图 3.5　5G-V2X 的网络架构[20]

① V2X 应用服务器：位于蜂窝网之外的 V2X 管理实体，提供对全局 V2X 通信的策略和参数的管理功能，以及对 V2X 终端的签约信息和鉴权信息的管理功能。

② 5G 核心网：与 V2X 应用服务器连接，为蜂窝覆盖内的 V2X 终端提供对 V2X 通信的策略和参数配置及签约信息和鉴权信息的管理功能。与 4G 核心网不同，5G 核心网采用了服务化架构，各个网络功能可以独立演进和扩展，相应的功能实体如下。

- 统一数据存储库（Unified Data Repository，UDR）功能扩展，用于存储 V2X 通信所有参数配置的数据库，可以根据 V2X 应用服务器的数据进行更新。
- 策略控制功能（Policy Control Function，PCF）扩展，用于 V2X 终端的鉴权信息管理，以及 V2X 通信（PC5 和 Uu）的策略和参数管理，其中 PCF 通过 UDR 实现参数更新。
- 网络存储库功能（Network Repository Function，NRF）扩展，主要根据 V2X 终端能力上报的信息，选择和发现对应的 PCF 配置。
- 统一数据管理（Unified Data Management，UDM）功能扩展，用于 V2X 终端 PC5 接口通信的签约信息管理。
- 接入和移动性管理功能（Access and Mobility Management Function，AMF）扩展。一方面，根据 PCF 提供的 V2X 配置信息给终端提供 PC5 口通信的策略和参数配置信息；另一方面，根据 PCF 和 UDM 提供的信息，管理终端 PC5 口签约和授权状态的上下文信息。

③ 4G 核心网：与 V2X 应用服务器连接，通过 VCF 为蜂窝覆盖内的 V2X 终端提供 V2X 通信的策略和参数配置，以及签约信息和鉴权信息的管理。

④ 5G 接入网/4G 接入网：不同于核心网负责业务的处理，接入网主要负责用户的接入，对于所接入的业务提供承载能力。

⑤ UE：根据获取的 V2X 通信的策略和参数配置信息，在 PC5 或者 Uu 接口上进行 V2X 通信。

表 3.4　5G-V2X 的网络架构接口说明

接口	功能
V1	终端 V2X 应用与 V2X 应用服务器之间的接口
V3	4G 网络中，终端 V2X 应用与 V2X 控制功能实体之间的接口
V5	不同终端 V2X 应用之间的接口
N1	5G 网络中，AMF 和 V2X 用户设备之间的接口

目前车路协同 5G-V2X 主要的研究方向包括安全（如碰撞、辅助、停车、逆行等）、效率（如交通拥堵等），以及服务信息等，其重点解决自动驾驶问题，让自动驾驶更加智能，并服务未来的车辆编队、高级驾驶、传感器扩展以及远程驾驶等。

① 车辆编队。利用 5G NR-V2X 低时延和大带宽的基础特点，支持一组车辆组成车队行驶，所有编队行驶的车辆能够从头车获取信息，并实现这样一个传感器的信息共享，使得同步车辆可以保持密集的超短车距。

② 高级驾驶。利用 5G NR-V2X 低时延和大带宽的基础特点，通过相邻车辆之间共享感知数据，共享本车的驾驶意图，实现驾驶策略的协调与同步功能。

③ 传感器扩展。要求交通参与者扩展传感器的感知范围，如在车与车、车与云、车与基础设施之间（即 V2V、V2N、V2I）实现车载传感器的交互，以获得当前更全面的道路信息，补

充目前单车智能超短视距以及非视距的感知情况。

④ 远程驾驶。针对无法驾驶的乘客或者处于危险环境中的车辆,包括远程车辆,通过5G通信、车路人协同、云计算以及自动控制等技术,实现远程的驾驶员对远端的车辆进行远程监控和远程操控。

3.3.2　5G-V2X 的关键技术

为满足自动驾驶等车联网业务低时延、大带宽的需求,5G-V2X 通信技术在车联网系统中发挥着至关重要的作用:一方面,Uu 接口基于 5G 蜂窝网络技术大带宽、低时延、高可靠的特性,能够支持车辆、交通基础设施、人、云端平台之间信息的快速传输,并支持广域覆盖通信能力;另一方面,需要 NR PC5 提供车车和车路等近距离直连通信能力。此外,5G-V2X 中允许 Uu 实现针对 PC5 接口的资源调度,以便合理地分配直连通信传输资源,在保障拥塞情况下 NR PC5 直连通信的可靠性满足自动驾驶安全可靠通信的需求。因此,5G-V2X 中 Uu 蜂窝网络与 NR PC5 相互协作、融合,实现网络的无缝覆盖,将有效满足"车-路-云"之间的高速信息交互与传输的要求。

作为 C-V2X 研究和标准化的第二阶段,5G-V2X 主要通过通信模式管理、服务质量管理以及直通链路的 HARQ 反馈机制、同步机制等关键技术,满足增强车联网应用的通信需求。

1) 5G-V2X 通信模式管理技术

在 5G-V2X 设计中,一个重要的技术特征是支持直通链路上的单播、广播和多播等通信模式。5G-V2X 通信模式管理主要是 V2X 应用层管理[26]。5G-V2X 的策略和参数配置信息中包括 V2X 广播、多播和单播通信模式管理配置,主要包括如下方面。

- V2X 应用的业务标识与 V2X 通信的广播、多播和单播通信模式的映射关系及配置策略。
- V2X 应用的业务标识与层二目标标识的映射关系及配置策略。
- V2X 应用层通过 3 个信息管理 PC5 链路,具体为层二的源标识、层二的目标标识和通信模式(包括广播、多播或者单播)。层二的源标识是 24 bit 的字符串指示链路层的地址,是 V2X 设备自己分配的 V2X 设备标识。层二的目标标识是 V2X 应用的业务标识相对应的链路层标识,用来区分不同的 V2X 应用,由运营商分配。这 3 个信息也被通知给接入层,便于接入层对 PC5 链路的管理。一个 V2X 终端可能存在多个层二的源标识和多个层二的目标标识,用于支持并发的 V2X 通信连接,其适用于不同的 V2X 业务以及不同的通信模式等。

2) 5G-V2X 业务服务质量管理机制

在 LTE-V2X 中,根据直通链路每个数据分组的优先级(PPPP),以数据分组为粒度为不同的业务提供差异化的传输服务。而在 5G-V2X 中,需要支持更灵活的、差异更大的传输服务。在 5G-V2X 直通链路的 QoS 管理中,每个 V2X 应用都配置了一套默认的直通链路 QoS 参数,每一套 QoS 参数通过 QoS 流标识表征。相同 QoS 流标识的数据分组采用相同的调度策略、队列管理策略以及 SLRB 配置参数。

用户发起 V2X 应用的通信,根据 V2X 应用与直通链路 QoS 参数的映射关系确定当前

V2X 应用对应的 QoS 流标识,然后根据 QoS 流标识确定对应的调度策略与调度队列,以及 SLRB 配置参数。接入层根据相应的配置参数建立直通链路的无线承载。SDAP 层管理 QoS 流和直通链路的无线承载之间的映射关系。对于给定的 PC5 链路,其可能有多个无线承载,每个无线承载服务于不同 QoS 流对应的 V2X 应用。同时,当现有的无线承载可以支持新到达的 V2X 业务的 QoS 要求时,接入层也可以将多个 QoS 流对应的 V2X 应用映射到同一个无线承载。

在 5G-V2X 中,新引入了通信距离的参数,该参数用于表示直通链路 QoS 参数使用的通信范围,即当接收 UE 位于规定的通信距离内时,需要满足相应的 QoS 要求。通信距离参数仅适用于面向无连接的多播通信。

3) 5G-V2X 直通链路的 HARQ 反馈机制

与 LTE-V2X 相比,5G-V2X 需要支持更高的可靠性和更低的传输时延,5G-V2X 直通链路支持两种重传方式[27]:盲重传和基于 HARQ 反馈的自适应重传。

- 盲重传方式:终端根据自己的业务需求或者配置,预先确定重传的次数和重传的资源,应用于广播、单播和多播模式。在这种方式下不需要考虑 HARQ 反馈的时延,因此能降低传输时延。但是由于重传的次数是预先确定的,无论接收终端是否正确接收都需要按照预定的次数进行重传,对于已经提前接收成功的数据分组,会导致资源浪费,对于没有接收成功的数据分组,则会导致可靠性降低。
- 基于 HARQ 反馈的自适应重传方式:根据 ACK/NACK 反馈的信息确定是否需要进行数据的重传,应用于单播和多播模式。这种方式能够提供更高的可靠性,同时当接收终端正确接收后,可以放弃后续的重传资源,从而降低资源的浪费。但是该方式会引入 HARQ 反馈的时延,与盲重传相比,会有更高的传输时延。在 5G-V2X 的设计中,不同的增强 V2X 业务有不同的可靠性要求(99.000%~99.999%),5G-V2X 支持可变的重传次数(标准最终定义最大重传次数是一个基于资源池配置的参数,其上限为 32 次)。在 5G-V2X 的盲重传和基于 HARQ 反馈的自适应重传方式中,都需要包含层二的源标识、层二的目标标识、HARQ 进程标识、冗余版本指示(RV)和新数据指示(New Data Indicator,NDI)信息,通过这些信息的组合来确定接收到的数据分组是不是之前传输的数据分组的重传。

4) 5G-V2X 直通链路的资源分配方法

5G-V2X 主要用于支持 V2X 增强应用业务,相比于 LTE-V2X 支持的基本道路安全业务,其对支持的业务的灵活性、可靠性和传输时延等方面有着更高的要求。相应地,5G-V2X直通链路的资源分配需要更多地考虑多种业务类型混合的场景,包括周期性业务、非周期业务共存的场景及 HARQ 重传的影响。

考虑 5G-V2X 的部署场景,5G-V2X 直通链路的资源分配方法中同样引入了两种与 LTE-V2X 类似的资源分配模式:一种是基于基站控制的资源分配模式,称为模式 1(类似于 LTE-V2X 的模式 3),其主要应用场景是 V2X 终端位于蜂窝网络覆盖内,通过基站调度 V2X 终端在直通链路的传输资源,这种资源分配模式中,终端不需要进行资源感知的操作;另一种是基于感知的终端自主资源选择方式,称为模式 2(类似于 LTE-V2X 的模式 4),其主要应用场景是 V2X 终端位于蜂窝网络覆盖外,或者 V2X 终端位于蜂窝网络覆盖内,在预配置或者蜂窝网配置的模式 2 资源池中进行自主的资源选择。

5) 5G-V2X 直通链路的同步机制

5G-V2X 本质上与 LTE-V2X 相同,都是一个同步的系统,系统内各个 UE 均需保持相同的时间、频率基准。终端根据时间基准确定相应的帧、子帧和时隙的定时。与 LTE-V2X 相同,5G-V2X 在直通链路上也引入了完整的同步机制,支持不同的车联网部署场景,包括蜂窝网络覆盖内、蜂网络覆盖外、有 GNSS 信号或者无 GNSS 信号的区域。通过一些能够可靠获得蜂窝网络同步或者 GNSS 同步的终端,在直通链路上传输 S-SSB 信号,辅助位于蜂窝网络覆盖外或者无法可靠接收到 GNSS 信号的终端实现同步。

6) 5G-V2X 直通链路的功率控制技术

功率控制是为了控制和降低干扰。对于直通链路来说,选择合适的发送功率十分重要,一方面能够保证直通链路传输信息的正确接收;另一方面可避免对其他直通链路造成不必要的干扰。在直通链路中需考虑蜂窝网络覆盖内和蜂窝网络覆盖外的场景,主要包含以下两种功率控制机制[28]。

- 基于下行路径损耗的开环功率控制。该控制机制可以用于广播、多播和单播的通信模式,发送终端必须位于蜂窝网络覆盖内,此时上行传输和直通链路传输共享同一个载波。
- 基于直通链路路径损耗的开环功率控制。这种机制仅用于直通链路单播的通信模式,可以用于蜂窝网络覆盖内、蜂窝网络覆盖外的所有场景。

结合上述两种功率控制方式,V2X 终端可以配置为以下 3 种功率控制模式:仅支持基于下行路径损耗的开环功率控制模式、仅支持基于直通链路路径损耗的开环功率控制模式、同时支持基于下行路径损耗和基于直通链路路径损耗的开环功率控制模式。在第 3 种模式下,V2X 终端在直通链路的发送功率是这两种功率控制计算结果的最小值。

7) 5G-V2X 拥塞控制机制

拥塞控制的目的是提高资源池的利用率,并在系统发生拥塞时,合理调整用户不同优先级业务的发送参数以及资源占用的比例,从而减少拥塞对系统的影响。其一方面能够保证优先级比较高的用户能够得到可靠发送;另一方面可通过调整 UE 的发送参数和资源占用比例,减少系统内干扰,将拥塞控制在系统可以正常工作的范围内。

在 LTE-V2X 中定义了一种接入层控制的拥塞控制机制,5G-V2X 重用了 LTE-V2X 拥塞控制机制的基本原理,在 5G-V2X 设计中更关注如何应对非周期业务导致系统拥塞情况快速变化的问题[29]。

8) 5G-V2X 跨无线接入技术调度机制

从蜂窝网络部署和演进的角度考虑,在一定时间内,会出现一些地区部署了 5G 网络,而另外一些地区仅部署了 LTE 4G 网络的情况。同样,在直通链路的部署和演进过程中,也会同时出现 LTE-V2X 和 5G-V2X 共存的情况。因此在 LTE Uu 控制 LTE 直通链路、NR Uu 控制 NR 直通链路之外,5G-V2X 还研究了 LTE Uu 控制 NR 直通链路的技术,以及 NR Uu 控制 LTE 直通链路的技术。

9) 5G-V2X 与 LTE-V2X 设备内共存

为了保障车联网技术和产业的有序发展,LTE-V2X 技术作为 C-V2X 技术的先导,支持基本安全业务;而 5G-V2X 是后来者,支持更高级的 V2X 业务。具备 5G-V2X 技术的设备作为后来者,为了实现与 LTE-V2X 技术直通链路的互联互通,需要设备内同时支持

LTE-V2X 和 5G-V2X 两种直通链路的技术。

5G-V2X 与 LTE-V2X 直通链路的设备内共存依赖两种直通链路部署的无线频段和带宽。当两种直通链路部署在频域间隔足够远的两个载波上时，每个直通链路有各自的射频链路，相互间不受影响，可以各自独立工作。当两种直通链路部署在频域间隔比较近的两个载波上时，在通常这种情况下两个直通链路共享同一套射频链路，相应地有如下约束。

- 半双工的约束：当用户正在一个直通链路的载波上发送信息时，不能同时在另一个直通链路的载波上进行信息接收。
- 最大发送功率受限：当用户同时在两个直通链路上进行信息发送时，由于共享相同的功率放大器，每个直通链路都不能以最大发送功率进行发送，从而影响直通链路的覆盖范围以及传输可靠性。

对于两种直通链路部署在相同频段内的情况（如部署在 5.9 GHz 的段内），为了消除半双工的约束和最大发送功率受限的影响，5G-V2X 和 LTE-V2X 直通链路采用时分复用的方式进行共存，具体包含如下两种方式。

- LTE-V2X 和 5G-V2X 直通链路间半静态时分复用，也称为长期时分复用，LTE-V2X 和 5G-V2X 直通链路配置了时域上互不重叠的资源池。这种方式实现简单，且两种直通链路之间不需要信息的交换和协调，但是不能根据不同的业务特点充分利用频谱资源。
- LTE-V2X 和 5G-V2X 直通链路间动态时分复用，也称为短期时分复用，当两个直通链路发送/发送或者发送/接收同时发生时，如果提前获知两个直通链路传输的业务优先级，则可以丢弃低优先级的直通链路传输。这种方式要求两种直通链路之间能够进行信息交互。当两个直通链路接收/接收同时发生时，通常用户可以同时接收同一频带内的两个直通链路，如果用户不支持同时接收两个直通链路，则取决于设备的具体实现，标准中没有明确规定。

3.3.3 5G-V2X 与 LTE-V2X 的对比

不同于 LTE-V2X 接入层仅支持广播传输，5G-V2X 接入层可支持直连通信链路（SL）广播、单播和组播传输，可用于基站覆盖范围内、基站覆盖范围外以及基站部分覆盖场景中的 V2X 通信。一个特定的数据包采用单播、组播还是广播传输，是由高层决定的。

5G-V2X 引入直连通信链路单播、组播以及相应的反馈机制，主要是为了提高物理层传输的可靠性，相比于广播，在一定程度上也可以提升资源利用率。相比于 LTE-V，5G-V2X 在传输可靠性、传输速率等方面都有较大的提升，具体可见表 3.5。

表 3.5 5G-V2X 与 LTE-V2X 的对比

性能	LTE-V2X	NR-V2X
传输可靠性	90%以上	99.99%以上
传输速率	10 Mbit/s 级	100 Mbit/s 级
时延	10～20 ms	1～3 ms
通信带宽	20～30 Mbit/s	40 Mbit/s
收发能力	广播	广播、单播、组播

从应用场景来看,中国汽车工程学会于 2017 年提出了《合作式智能运输系统 车用通信系统 应用层及应用数据交互标准》[30],将安全、效率、信息服务三大类的 17 个典型应用作为一期应用。

另外,如图 3.6 所示,3GPP 定义了 27 个车路协同应用场景[31],其可以分为 V2X 的安全性服务和非安全性服务。安全服务类应用场景主要用于减少和避免交通事故的发生以及保护生命和财产的安全;非安全类应用场景作为补充服务,主要用于提高交通效率和环境性能。

序号	应用名称	定义组织	序号	应用名称	定义组织
1	前向碰撞预警	3GPP	15	交通流引导	3GPP
2	失控预警	3GPP	16	弯道速度预警	3GPP
3	紧急车辆预警	3GPP	17	行人碰撞预警	3GPP
4	车车通信场景下紧急制动预警	3GPP	18	弱势交通参与者碰撞预警	3GPP
5	协作式自适应巡航	3GPP	19	基于用户设备类路侧单元的应用	3GPP
6	车路通信场景下紧急制动预警	3GPP	20	最低服务质量	3GPP
7	队列预警	3GPP	21	漫游接入	3GPP
8	道路安全服务	3GPP	22	通过人车警告信息实现的行人道路安全	3GPP
9	自动泊车系统	3GPP	23	混合交通管理	3GPP
10	错误行驶预警	3GPP	24	高精度定位	3GPP
11	运营商控制的信息传输	3GPP	25	通信信息保护	3GPP
12	碰撞感知预警	3GPP	26	服务信息公告	3GPP
13	网络覆盖外的V2X	3GPP	27	远程诊断	3GPP
14	基于路测设备的道路安全服务	3GPP			

图 3.6　3GPP 定义的典型车路协同应用场景

LTE-V2X 与 5G-V2X 能满足不同的业务场景需求。LTE-V2X 位于 5G-V2X 前一个阶段,目前已经能够解决上述定义场景中的大部分基础安全预警和效率提升类应用需求,主要用于辅助驾驶。5G-V2X 则主要是为了满足未来高等级自动驾驶应用场景的需求,目前主要围绕车辆编队、远程驾驶、高级驾驶、感知共享等场景,5G-V2X 是 LTE-V2X 技术的增强和补充,两者将在未来长期协同共存,共同支撑车联网不同类型的应用服务。

从基建设施投入角度来看,两者关系与移动通信基建设施投入类似,例如,4G 网络虽然已普遍应用,但过去的 2G、3G 手机仍可使用,其通话、发短信等基础业务并不受影响。对于 C-V2X 技术也一样,其具备 LTE-V2X 和 5G-V2X 多模态通信方式,现在装载了 LTE-V2X 设备的车辆收发的信号,在未来装载了 5G-V2X 设备的车辆上仍可照常接收。

而在基础设施投资问题上,从全国范围来看,LTE-V2X 基础设施建设主要包括城市区域建设、高速公路建设两大部分。在城市区域方面,LTE-V2X 基础设施建设投资主要包括交通路口路侧单元、部分特殊路段路侧单元部署;在高速公路方面,LTE-V2X 基础设施建设投资主要为沿高速公路部署 RSU,并补充建设部分数据传输线路。由此可以看出,投资主要分为路侧单元设备成本和工程建设费用,而路侧单元设备成本大约占据总投资的 40%,工程建设费用大约占总投资的 60%,待到未来 LTE-V2X 与 5G-V2X 共存时,LTE-V2X 网络设施可以继续使用,工程建设大部分也可有效复用,仅需新增 5G-V2X 网络设施,因此现有投资不会浪费。

3.4　智能网联驾驶无线通信设备

车路协同系统由车端、路端、云端等不同要素组成,要保证系统间的正常通信,以及应用场景的落地,就需要有不同的网联终端来做支持,本节则重点对基于 C-V2X 无线通信技术的网联终端进行介绍。

3.4.1 车载通信单元

车载通信单元(On Board Unit,OBU)是一种车载终端设备,用于车路协同(V2X)通信系统中,使车辆能够与周围的交通基础设施、其他车辆和行人进行实时的双向通信和数据交换。

OBU 内部集成了 V2X 通信模块、处理器、无线电天线、传感器等关键组件。它能够接收来自 RSU 和其他车辆的信息,并将车辆的状态、位置、行驶意图等数据传输回云平台,以及与其他车辆共享这些信息。同时,OBU 也能够接收来自云平台和其他车辆的指令和警示信息,并向驾驶员提供相关的提示和警告,这样可以提高驾驶安全性和交通效率。

一般 OBU 需满足以下技术需求。

① 运行基于 C-V2X 协议栈的应用,提供高级辅助驾驶、车路协同服务。

② 支持多星座高精度卫星定位——支持 BeiDou/GPS/GLONASS 等;支持厘米级高精度定位——支持 RTK,双频或三频。

③ 支持 LTE-V2X 3GPP R14 或更高标准(LTE-V2X 工作频段为 5 905～5 925 MHz,工作宽带为 10/20 MHz)。

④ 内置 HSM 模块,支持国密算法加密、验签、签名。

⑤ 支持链接车内 CAN 总线。

⑥ 支持 2G/3G/4G/5G,以及后续各代移动通信服务,可实现 Uu 通信。

⑦ 支持 Wi-Fi,通过 Wi-Fi 实现与车机、移动终端等设备的交互。

⑧ 具有网口、USB 等数字通信接口。

基于 OBU 的技术特点,一般 OBU 产品的架构如图 3.7 所示。

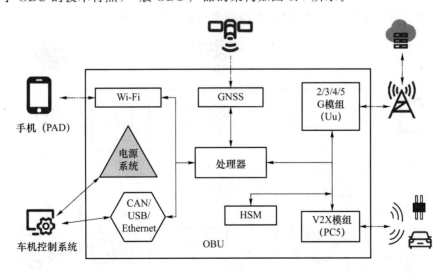

图 3.7 OBU 产品的架构

目前 V2X 芯片的解决方案商国内有辰芯、华为,国外有高通、Autotalks。此外 OBU 设备中的高精定位模组也是核心功能之一,V2X 很多场景需要厘米级的精度实现车道级定位。目前支持 RTK(Real Time Kinematic,实时动态测量)高精定位的导航模组国外主要为 Ublox,国内也有几家芯片供应商实现了 RTK 高精定位解决方案,如梦芯、华测、和芯等。

3.4.2 路侧通信单元

路侧通信单元(Road Side Unit,RSU)是实现智能网联的路侧单元,可通过 LTE-V2X 技术与附近的 OBU 设备通信。RSU 的主要功能为采集、发布当前道路的状况、交通状况等信息,RSU 可以通过接收到的周边 OBU 设备信息实时统计、分析周边交通信息,也可以与路侧感知设备、交通信号灯、电子牌等交通信息终端通信,获取更丰富的周边交通信息,还可以通过云接收控制中心推送的信息。RSU 通过与 OBU 及其他多种交通信息设备的互联互通,实现了交通信号的实时交互、辅助驾驶、引导通行、异常预警等,提高了交通效率和安全保障水平。

一般 RSU 需满足以下技术需求。

① 支持 LTE-V2X 3GPP R14 或更高标准,工作频段为 5 905~5 925 MHz,工作宽带:10/20 MHz。

② 支持高精度卫星定位——支持 BeiDou/GPS/GLONASS 等;支持无 GNSS 场景下的 V2X 通信。

③ 内置 HSM 模块,支持国密算法加密、验签、签名。

④ 支持 2G/3G/4G/5G,以及后续各代移动通信服务,可实现 Uu 通信。

⑤ 支持与感知设备、交通信号灯其他交通设备的互联互通。

⑥ 支持 POE(Power On Ethernet)供电及网口通信。

⑦ 支持 IP65 或以上防护等级。

⑧ 具备防雷能力。

基于 RSU 的技术特点,一般 RSU 产品的架构如图 3.8 所示。

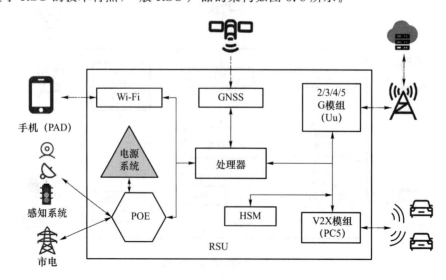

图 3.8 RSU 产品的架构

RSU作为车路协同通信系统的重要组成部分,通过与车辆和交通管理中心的通信,实现了车辆和道路基础设施之间的实时信息交换和协同。它在提高交通安全性、减少交通拥堵、优化交通信号等方面发挥着重要作用,并为未来智能交通系统的发展提供了基础。

3.5 智能网联驾驶无线通信台架实验

智能网联驾驶无线
通信台架实验

3.5.1 实验目的

通过本实验,理解车路协同中的通信过程,掌握车路协同通信模块的测试方法,并对车联网通信的基本性能有所了解。

3.5.2 实验原理

为了达到对驾驶员的辅助预警效果,保障车辆间数据共享的实时性和准确性,需要对设备的通信性能进行测试。测试指标及计算方法如下。

1. 丢包率

丢包率指通信过程中丢失的数据包数量占发送数据包总量的比率,如图3.9所示。

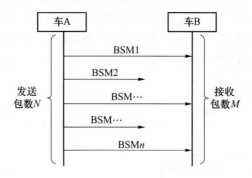

图3.9 通信过程中丢包示意图

假设发射端(车A)发送了 N 个包,接收端(车B)收到 M 个包,则对于一收一发链路,PLR 的计算方法为

$$\text{PLR} = \frac{N-M}{N} \times 100\%$$

2. 端到端时延(End-to-end Delay)

端到端时延指一个报文或分组从一个网络的一端传送到另一个端所需要的时间。
AB间平均传输时延计算的具体步骤如图3.10所示。
设备间平均传输时延的计算公式为

$$t_1 = ((T_4 - T_1) - (T_3 - T_2))/2$$

① 查询并记录B的收包日志中来自A的数据包n的发送时间 T_1 与接收时间 T_2。
② 查询并记录A的收包日志中来自B的数据包m的发送时间 T_3 与接收时间 T_4。其

中，T_3 必须大于 T_2（通常 T_3 为大于 T_2 的第一个值）。

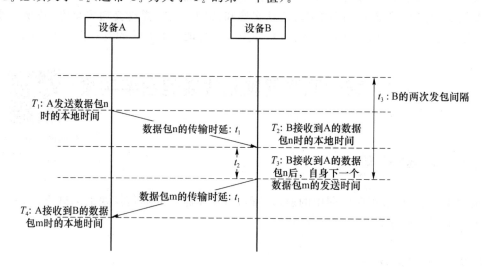

图 3.10　AB 间平均传输时延示意

③ 根据公式 $t_1=((T_4-T_1)-(T_3-T_2))/2$ 计算 AB 间的平均传输时延。

注：如果在 T_1 到 T_4 的时间段内，两个设备的系统时间发生跳变，会影响时延计算的准确性。

实验分为"一发一收"和"两发两收"两部分。"一发一收"场景中，两个 OBU 分别仅作为发送方或接收方，发送方广播 V2X 消息后，接收方接收 V2X 消息，并对相关通信指标数据进行收集、计算，实验流程原理如图 3.11 所示；"两发两收"场景中，两个 OBU 同时作为发送方和接收方，双方广播 V2X 消息并接收对方发送的 V2X 消息，对相关通信指标数据进行收集、计算，实验流程原理如图 3.12 所示。

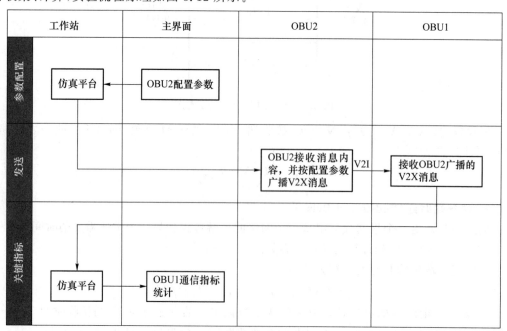

图 3.11　"一发一收"的数据流程图

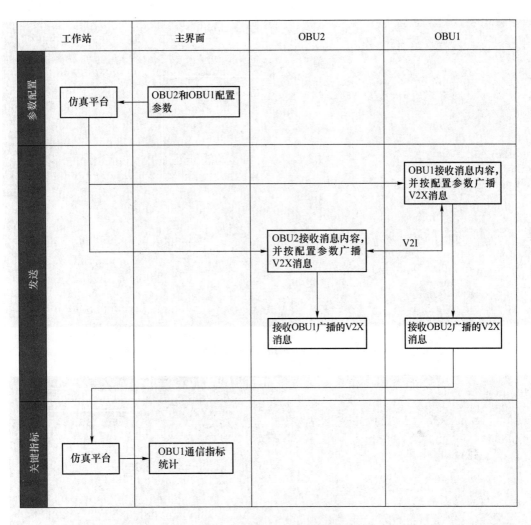

图 3.12 "两发两收"的数据流程图

3.5.3 实验内容

1) 步骤一

如图 3.13 所示,在主菜单下单击"车路协同通信实验"进入本次实验,可以看到 C-V2X 车路协同通信实验的相关原理介绍,如图 3.14 所示,包括直连通信原理、C-V2X 通信网络结构以及通信性能评价,充分了解相关原理后,可以通过单击右上角的"通信测试"进入实验选择界面。

2) 步骤二

选择"一发一收"或"两发两收"进入实验,如图 3.15 所示。

(1)"一发一收"实验(如图 3.16 所示)

① 在左侧进行参数配置:一是通信参数,包括发包大小、发包频率和发包数目;二是环境参数,包括通信距离和环境参数。

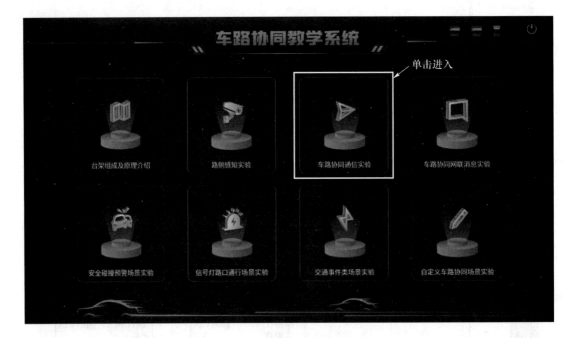

图 3.13 车路协同通信实验

图 3.14 C-V2X 车路协同通信实验原理

② 配置好相关参数后,单击"测试"开始实验,并显示实验进度,若发现问题,可单击"取消"停止实验。

③ 实验完成后,右侧显示相关通信性能指标,包括丢包率、通信时延和吞吐率。

④ 通过配置不同参数进行多次实验,观察、记录、比较实验结果,得出实验结论,实验结束后可以单击界面右上角的"×"返回上级菜单。

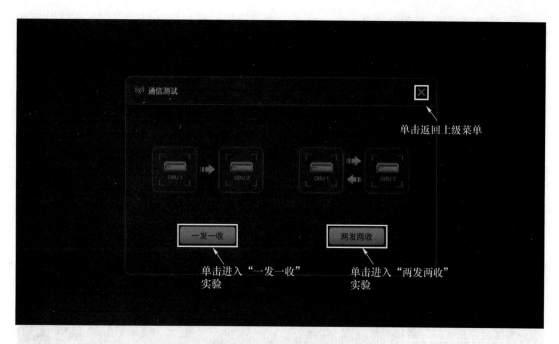

图 3.15 选择"一发一收"或"两发两收"

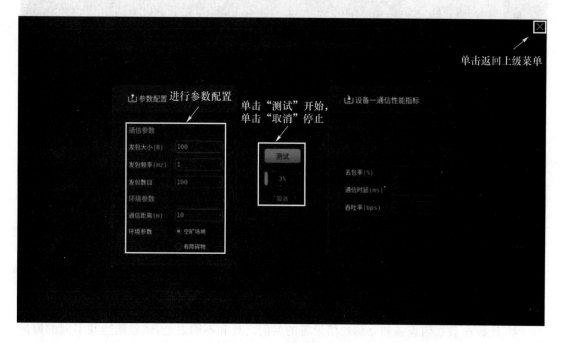

图 3.16 "一发一收"实验

（2）"两发两收"实验（如图 3.17 所示）

① 在左侧进行参数配置：一是通信参数，包括发包大小、发包频率和发包数目；二是环境参数，包括通信距离和环境参数。

② 配置好相关参数后，单击"测试"开始实验，并显示实验进度，若发现问题，可单击"取消"停止实验。

③ 实验完成后,右侧分别显示两台设备的相关通信性能指标,包括丢包率、通信时延和吞吐率。

④ 通过配置不同参数进行多次实验,观察、记录、比较实验结果,得出实验结论,实验结束后可以单击界面右上角的"×"返回上级菜单。

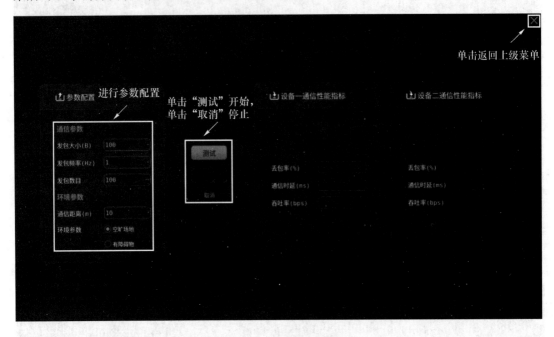

图 3.17 "两发两收"实验

3) 步骤三

完成所有实验后可以单击界面右上角的"×"或"返回"回到主界面,或进行多次实验以加深理解。

思 考 题

1. 智能网联驾驶无线通信技术有哪些?为什么我国采用 C-V2X 技术作为智能网联驾驶无线通信技术?

2. 比较 DSRC 和 LTE-V2X 在技术和应用层面的区别。

3. LTE-V2X 和 5G-V2X 的区别和联系有哪些?两者各自包含哪些关键技术?

4. 比较车载通信设备和路侧通信设备的共同之处和不同之处,试着阐述其不同的原因是什么。

第 4 章
智能网联驾驶交互消息

智能网联驾驶
交互消息

2017 年 9 月,《合作式智能运输系统 车用通信系统 应用层及应用数据交互标准(第一阶段)》(T/CSAE53-2017)[32]被发布,首次对于智能网联应用做出了标准定义,包含 17 个典型应用场景、支撑这些场景的应用层交互数据集,以及 API(Application Programming Interface,应用程序编程接口)、SPI(Serial Peripheral Interface,串行外设接口)。该标准的发布在一定程度上打破了底层技术与通信频段的困局限制了车企们对于 V2X 上层应用的探索这一现状,让我国的 V2X 智慧道路和车辆真正拥有了统一而自主的"语言和文字"。

为了增强应用落地的可实现性,《基于 LTE 的车联网无线通信技术 消息层技术要求》[33]应运而生,该标准中规定了包括消息层数据集的架构以及具体的数据定义和编码方式在内的消息层技术要求,降低了应用落地的准入门槛。

随着标准应用的深入和自动驾驶技术的发展,行业开始关注如何通过信息协同持续提升车辆的在途安全系数和效率以及为高等级的自动驾驶服务,在此基础上《合作式智能运输系统 车用通信系统 应用层及应用数据交互标准(第二阶段)》(T/CSAE157-2020)[34]和《基于车路协同的高等级自动驾驶数据交互内容》(T/CSAE158-2020)[35]两标准的发布对此给予了回应。T/CSAE157-2020 定义了第二阶段的应用场景,并对应用层交互数据集进行了兼容性的扩展与补充,T/CSAE158-2020 则规定了基于车路协同的 L4、L5 级别下的典型应用和数据交互内容。

至此行业里形成了较为完善的网联消息标准体系,且在实际落地应用中行业各家也都在持续地对网联消息的相关标准进行了完善与补充。

4.1 智能网联应用场景

本节根据《合作式智能运输系统 车用通信系统 应用层及应用数据交互标准(第一阶段)》和《合作式智能运输系统 车用通信系统 应用层及应用数据交互标准(第二阶段)》对智能网联应用场景分两个阶段进行介绍。

4.1.1 第一阶段应用场景

"鉴于我国有独特的交通环境和产业需求,我们需要制定自己的应用层标准",2016 年年初正是基于这样的业界呼声在中国汽车工程学会的指导下,星云互联、长安汽车、通用汽车和清华大学共同牵头,成立了标准编制组,其涉及汽车、交通和通信三大行业,凝聚了来自车企、高校以及通信、智能交通、测试检验、终端制造等多个领域机构的智慧,该标准编制组于 2017 年 9 月发布《合作式智能运输系统 车用通信系统 应用层及应用数据交互标准(第一阶段)》且于 2020 年发布其修订版(T/CSAE53-2020)。

在《合作式智能运输系统 车用通信系统 应用层及应用数据交互标准(第一阶段)》中,该标准编制组依据技术的成熟度、应用价值以及可实现性准则选取并定义了 17 个 V2X 典型应用场景(这些场景分属于安全、效率、信息服务三大类),并对支撑这些场景的应用层交互数据集做了说明,如表 4.1 所示,这些场景及消息集的定义为 V2X 应用场景实现和落地提供了指导。

表 4.1 合作式智能运输系统第一阶段应用汇总表

序号	类别	应用名称	通信方式	主要消息
1	安全	前向碰撞预警	V2V	BSM(车辆基于安全消息)
2		交叉路口碰撞预警	V2V/V2I	BSM/RSM(路侧安全消息)
3		左转辅助	V2V/V2I	BSM/RSM
4		盲区预警/变道辅助	V2V	BSM
5		逆向超车预警	V2V	BSM
6		紧急制动预警	V2V	BSM
7		异常车辆提醒	V2V	BSM
8		车辆失控预警	V2V	BSM
9		道路危险状况提示	V2I	RSI
10		限速预警	V2I	RSI
11		闯红灯预警	V2I	SPAT(交通灯相位与时序消息)
12		弱势交通参与者碰撞预警	V2P/V2I	RSM
13	效率	绿波车速引导	V2I	SPAT
14		车内标牌	V2I	RSI
15		前方拥堵提醒	V2I	RSI
16		紧急车辆提醒	V2V	BSM
17	信息服务	汽车近场支付	V2I	

4.1.2 第二阶段应用场景

为推进车联网(V2X)技术在提升汽车安全性、经济性及交通系统效率等方面的深度应用,进一步针对车用通信技术的演进和车路协同应用的新需求,上述标准编制组发布了《合作式智能运输系统 车用通信系统 应用层及应用数据交互标准(第二阶段)》。

该标准定义了第二阶段的应用场景12个,包括场景描述、流程定义、交互需求分析等;在第一阶段消息集的基础上,进行新消息的补充和兼容性扩展,实现对两个阶段应用的支持,如表4.2所示。

第二阶段的主要应用场景更偏向车路协同,其智能化水平较第一阶段更高,通过对车路协同场景的深度挖掘梳理,预计能满足未来较长时间对于智能网联车路协同场景应用的要求。

表4.2 合作式智能运输系统第二阶段应用汇总表

序号	类别	应用名称	通信方式	主要消息
1	安全	感知数据共享	V2V/V2I	SSM
2	安全	协作式变道	V2V/V2I	VIR
3	安全/效率	协作式车辆汇入	V2I	RSC VIR
4	安全/效率	协作式交叉口通行	V2I	RSC
5	信息服务	差分数据服务	V2I	RTCM
6	效率/交通管理	动态车道管理	V2I	RSC
7	效率	协作式优先车辆通行	V2I	VIR RSC
8	信息服务	场站路径引导服务	V2I	PAM VIR
9	交通管理	浮动车数据采集	V2I	BSM VIR SSM
10	安全	弱势交通参与者安全通行	P2X	PSM
11	高级智能驾驶	协作式车辆编队管理	V2V	CLPMM
12	效率/信息服务	道路收费服务	V2I	VPM

4.1.3 基于车路协同的高等级自动驾驶应用

《基于车路协同的高等级自动驾驶数据交互内容》标准诞生的契机正是车路协同技术(V2X)和自动驾驶技术的逐渐成熟和加速融合,行业意图依靠路侧的感知、处理能力和车路通信技术,实现车路协同的L4、L5级别的自动驾驶,增强自动驾驶车辆的感知、决策和控制能力,提升自动驾驶车辆的通行效率、安全性、环境适应性。

如表4.3所示,在标准场景方面,该标准定义了8个标准场景,规定了基于车路协同的L4、L5级别的高等级自动驾驶数据交互内容,重点涉及消息层数据集,具体是在YD/T 3709-2020、T/CSAE 53-2020标准规范所定义消息层数据集的基础上,对原有消息内容进行扩展或新增消息。

表 4.3 基于车路协同的高等级自动驾驶应用

序号	典型应用	通信模式	主要消息
1	协同式感知	V2V/V2I	SSM
2	基于路侧协同的无信号交叉口通行	V2I	CIM、RSC
3	基于路侧协同的自动驾驶车辆"脱困"	V2I	CIM、RSC、RSCV
4	高精地图版本对齐及动态更新	V2I	RAM、CIM
5	自主泊车	V2I	CIM、RSC、RSCV
6	基于路侧感知的"僵尸车"识别	V2I	SSM
7	基于路侧感知的交通状况识别	V2I	RAM
8	基于协同式感知的异常驾驶行为识别	V2V/V2I	SSM

在实际应用中，第一阶段的场景目前基本被实现，落地应用也较多，并被多次实地交付验证过，因此在后续的讨论中以第一阶段应用为主要讨论对象。

4.2 智能网联基础消息的定义与格式

实现智能网联驾驶不同阶段的应用，其根本需要通过对智能网联基础消息进行定义和解析，从而满足应用中 V2X 交互需求。

4.2.1 消息层数据集的构成

消息层数据集用 ASN.1(Abstract Syntax Notation One，抽象语法标记)标准进行定义，遵循"消息帧-消息体-数据帧-数据元素"层层嵌套的逻辑进行制定。数据集交互的编解码方式遵循非对齐压缩编码规则(Unaligned Packet Encoding Rules，UPER)。消息帧是单个应用层消息的统一打包格式，是数据编解码的唯一操作对象。消息帧由不同类别的消息体组成，并支持扩展；消息体为最基本的 5 种消息；数据帧由其他数据单元或数据类型组合而成，具有特定的实际意义，是消息体的组成部分；数据元素是消息体或数据单元的组成部分，它由基本数据类型定义产生，具有实际物理意义。

消息层数据集的构成如图 4.1 所示，主要由 1 个消息帧，5 个最基本的消息体以及相应的数据帧和数据元素组成。

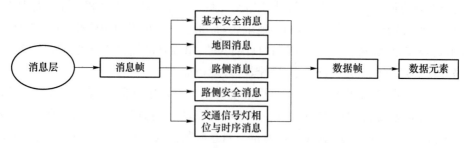

图 4.1 消息层数据集的构成

4.2.2 消息体种类

1. 基本安全消息

1) 定义

基本安全消息(Basic Safety Message,BSM)是使用最广泛的一个应用层消息,用来在车辆之间交换安全状态数据。车辆通过该消息的广播,将自身的实时状态告知周围车辆,以此支持一系列协同安全等应用,BSM 的使用场景如图 4.2 所示。

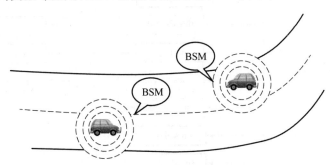

图 4.2 BSM 的使用场景

2) 消息主体结构及说明

BSM 作为在智能网联驾驶中各个网联汽车发送和广播的消息,需要包含对于不同车辆发送的不同消息的识别标志。因此 BSM 中包含的第一部分信息为消息编号、车辆编号和发送时间,以此来分类和识别消息。

BSM 作为车辆基本安全消息,需要包含车辆的自身信息,车辆出厂时就具备车辆尺寸大小和车辆类型信息。其中车辆类型可从两方面来定义:一方面从车辆的基本类型进行定义,如小汽车、卡车等;另一方面从车辆的燃料动力类型进行定义。当车辆行驶时,车辆的实时状态也是 BSM 的组成部分,运动的实时状态可用 3D 位置、速度、航向来概括,从运动状态再延伸到车辆控制方面,进而涵盖了车辆挡位、方向盘转角、四轴加速度、刹车系统状态等信息。

其中,3D 位置为车辆的经度、纬度和高程;挡位包括空挡、停止挡、前进挡和倒挡;四轴加速度为纵向加速度、横向加速度、垂直加速度、横摆角速度;刹车系统状态包括刹车踏板踩下情况、车辆车轮制动情况、牵引力控制系统作用情况、制动防抱死系统作用情况、车身稳定控制系统作用情况、刹车助力系统作用情况和辅助制动系统(一般指手刹)情况共 7 种状态。这些都会与车辆行驶的速度、航向角有着直接联系,因此在车辆基本安全消息中,包含这部分信息是很有必要的。

除包含上述必要的车辆自身基本信息外,一些其他信息的存在也有助于提高智能网联汽车的智能性,预测评估驾驶行为的风险,有效地提高行驶的安全,包括消息发送时间精度、实时位置精度、定位系统精度和由车速精度、航向精度、方向盘转角精度组成的运行状态精度等信息。这部分精度信息意味着智慧交通中根据消息内容和预先设定好的算法得出的交通参与者的实时信息的准确性,对于统筹规划和管理交通路线具有重要意义。

此外,BSM 还包括车辆安全辅助信息集合和紧急车辆辅助信息集合。车辆安全辅助信息集合由车辆特殊事件状态、车辆历史轨迹、路线预测、车身灯光状态等组成。紧急车辆辅助信息集合向周围车辆告知本车在进行特殊作业的状态,如交通中的警车、消防车、救护车等需要周围车辆予以优先或避让。包括车辆特殊行驶状态、警笛和指示灯的使用等。

图 4.3 给出了 BSM 的主体结构,其中实线框为必有项,虚线框为可选项。

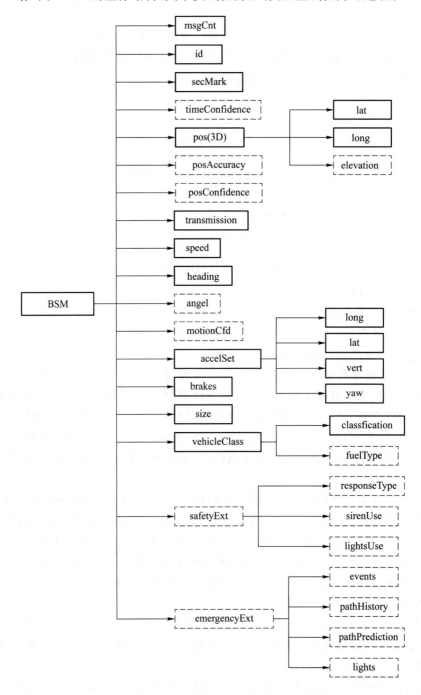

图 4.3 BSM 的主体结构

3）BSM 应用

在实际应用中，BSM 更多是一个"广播员"的角色，通过不断地将自车状态广播给周边车辆，来达到交换安全状态数据的目的，并支持各类应用的实现。

例如，在前向碰撞预警、交叉路口碰撞预警、紧急制动预警等场景应用中，两车通过各自收发并解析 BSM 中的基本信息，如时间、位置、速度、航向角、车身大小等，即可完成碰撞预警的计算，在此基础上增加转向灯的判断即可实现盲区/变道预警的场景判断。

在 BSM 中除了基本信息外还包含车辆安全辅助信息及紧急车辆附加信息，涉及车辆特殊状态位、灯光信息及紧急车辆状态等内容，通过对上述信息的灵活应用可实现异常车辆预警、车辆失控预警、紧急车辆提醒等功能。

此外 BSM 还支持兼容性拓展，如 T/CSAE158-2020 就在 TD/T3709-2020 标准定义的 BSM 基础上，丰富了自动驾驶车辆的特有信息，这样能够提供更精准的车辆及行驶信息，支持路侧协同的车道级别通行等场景的实现。

4）BSM 的 ASN.1 代码

为方便实现，本书给出了 BSM 的 ASN.1 代码。具体的实现过程中，可通过将 ASN.1 代码转换为其他的编程语言，形成 BSM 结构体或对象供智能网联驾驶应用进行调用。

```
BasicSafetyMessage ::= SEQUENCE {
    msgCnt MsgCount,
    id OCTET STRING (SIZE (8)),
    -- temperary vehicle ID
    secMark DSecond,
    timeConfidence TimeConfidence OPTIONAL,
    pos Position3D,
    posAccuracy PositionalAccuracy OPTIONAL,
    -- Accuracy for GNSS system
    posConfidence PositionConfidenceSet OPTIONAL,
    -- Realtime position confidence
    transmission TransmissionState,
    speed Speed,
    heading Heading,
    angle SteeringWheelAngle OPTIONAL,
    motionCfd MotionConfidenceSet OPTIONAL,
    accelSet AccelerationSet4Way,
    brakes BrakeSystemStatus,
    size VehicleSize,
    vehicleClass VehicleClassification,
    -- VehicleClassification includes BasicVehicleClass and other extendible type
```

```
                safetyExt VehicleSafetyExtensions OPTIONAL,
                emergencyExt VehicleEmergencyExtensions OPTIONAL,
                ...
            }
```

2. 地图消息

1）定义

地图消息（MAP）由路侧单元广播，向车辆传递局部区域的地图信息，包括局部区域的路口信息、路段信息、车道信息，道路之间的连接关系等。单个地图消息可以包含多个路口或区域的地图数据。MAP的使用场景如图4.4所示。

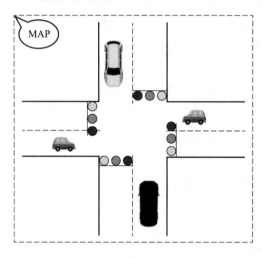

图 4.4　MAP 的使用场景

2）消息主体结构及说明

同 BSM 一样，为了辨别广播中不同的消息，MAP 也需要具备消息编号、发送时间。消息编号配合时间戳可以防止重放攻击，时间戳一般通过读取 GPS 中的时间戳，然后加入 MAP 中进行发送。另外，地图中包含的多个路段、车道、路口等，究其本源，均由一个个节点组成。因此，MAP 的另一个组成字段为地图节点列表，节点是地图的最基本组成部分，可以是交叉路口，也可以是一个路段的起点或终点。

为了区分不同节点，引入节点 ID 和节点名的字段。节点的位置信息是确认地图构成的必要信息，为了减少位置数据的大小，采用以地图中心节点为参考，其他节点的位置信息则使用中心节点位置坐标加上各自的偏移量。在地图上，顺序的两个节点可确定一条有向路段。路段的起点记为上游节点，终点记为下游节点，在定义地图路段时选择以下游节点为参考定义下游节点的上游路段列表，作为下游节点的字段信息。

通常，某一路段中包含的信息包括路段名和车道信息。将其应用到消息格式中时，上游路段首先要包含上游节点 ID 以及路段名，确认路段的起始处和名字。路段中常常包含多条车道，应对车道列表中不同车道的宽度、限速信息、车道允许转向行为、车道属性、上游车道与下游车道的连接关系等信息进行定义。

图 4.5 给出了 MAP 的主体结构，它是一个层层嵌套的形式，其中实线框为必有项，虚

线框为可选项。

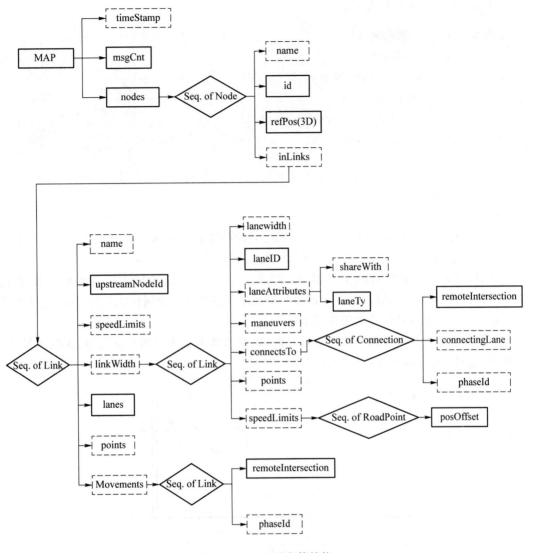

图 4.5　MAP 的主体结构

3）MAP 应用

MAP 用来描述道路信息，在智能网联应用中更多是个"服务者"的角色，给应用落地和预警触发提供明确的位置信息。例如，路侧设施可以将 MAP 下发给周边车辆，提升周边车辆对行车环境的感知，提升车辆的定位精度，并便于车辆规划合适的行车路线。MAP 已成了应用落地不可或缺的重要支撑。

此外 MAP 可与 SPAT 消息结合使用，为车辆提供实时的前方信号灯相位消息。在闯红灯预警场景中，当前方有大车遮挡视线或恶劣天气导致视线受到影响，使远车无法对当前红灯或即刻到来的红灯做出正确判断时，闯红灯预警应用会检测该车当前所处位置和速度等，通过计算预测车头经过路口停止线时信号灯的状态，并向驾驶员进行预警。这就使用到了 MAP 中路口始末点的位置信息和 SPAT 中路口信号灯相位状态的信息。

4) MAP 的 ASN.1 代码

MAP 的 ASN.1 代码如下:

```
MapData ::= SEQUENCE {
    msgCnt MsgCount,
    timeStamp MinuteOfTheYear OPTIONAL,
    nodes NodeList,
    -- intersections or road endpoints
    ...
}
```

3. 路侧消息

1) 定义

路侧信息(Road Side Information,RSI)是指路侧单元向周围车载单元发布的交通事件信息以及交通标志信息。RSI 的使用场景如图 4.6 所示。

其中,交通事件信息当前支持标准 GB/T 29100-2012;交通标志信息当前支持标准 GB 5768.2-2009。RSI 能够打包一个或多个交通事件信息或者交通标志信息,同时包含发送该消息的路侧单元编号以及参考位置坐标。

车载单元会根据自身的定位与运行方向,以及消息本身提供的时效信息、关联区域/路段范围,来判定事件或标志的生效区域。

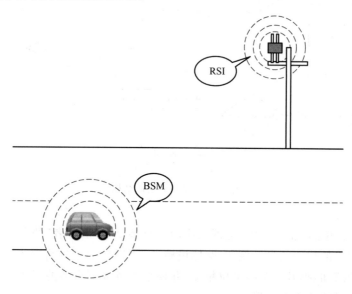

图 4.6 RSI 的使用场景

2) 消息主体结构及说明

路侧信息由 RSU 提供,RSU 消息中包含消息序号以及发送时间,同时还包括 RSU 的 ID,该 ID 用于区分不同的消息发送方。为方便 RSI 作用范围内的位置描述,提供本消息作用范围内的参考三维位置坐标,消息中所有的位置偏移量均基于该参考坐标计算,真实位置坐标等于偏移量加上参考坐标。

道路交通中的交通事件信息和交通标志信息也会由路侧信息来提供。交通事件（Road Traffic Event，RTE）可能包括多个，其信息从信息源、发生区域、时效、优先级、事件置信度以及影响区域等方面来描述，除使用事件编号 ID 来区分事件外，还可使用字符串文本描述来进一步定义该事件。区域大小定义为以中心点为圆心的某个半径大小的范围内。

交通标志信息（Road Traffic Sign，RTS）同样具备 ID、文字描述的字段内容，根据实际道路交通中的标志，可定义路侧信息中关于交通标志的信息定义，包括标志的位置信息、类型、起止时间及置信度、优先级等。

交通事件信息和交通标志信息都可通过定义关联路径以及关联路段与 MAP 的配合，帮助车载单元判定事件和标志的影响区域。

图 4.7 给出了 RSI 的主体结构，其中实线框为必有项，虚线框为可选项。

3) RSI 应用

RSI 通常用于事件的下发，向周围车载单元发布交通事件信息以及交通标志信息。车载单元会根据自身的定位与运行方向，以及消息本身提供的区域范围，来判定消息的生效区域，而后向驾驶员推送。RSI 传递的是与道路相关的一些预警或提示信息，不用于车辆的求救或其他安全应用。

在场景应用方面，结合车辆自身 BSM 和 RSI 中的位置和交通事件集合可进行道路危险状况提示，使得行经该路段的车辆根据信息及时采取避让措施，避免发生事故。RSI 中的交通标志集合信息，与 BSM 中的车辆自身信息以及 MAP 中的路段和车道信息，可应用于车内标牌。

应用根据上述信息，计算出自车在路网中的位置，并判断前方是否有交通标识牌，如果有，则通过车内交通标牌对驾驶员进行提示，车内交通标牌会在消息有效的区域和时间段内亮起。同理，对地图中的道路交通拥堵状况可进行提示，进而帮助车辆重新规划路线，缓解交通压力，减少拥堵时间。

4) RSI 的 ASN.1 代码

RSI 的 ASN.1 代码如下：

```
RoadSideInformation ::= SEQUENCE {
    msgCnt MsgCount,
    moy MinuteOfTheYear OPTIONAL,
    id OCTET STRING (SIZE(8)),
    -- RSU ID
    refPos Position3D,
    -- Reference position of this RSI message
    rtes RTEList OPTIONAL,
    -- All the rte data packed in this message
    rtss RTSList OPTIONAL,
    -- All the rts data packed in this message
    ...
}
```

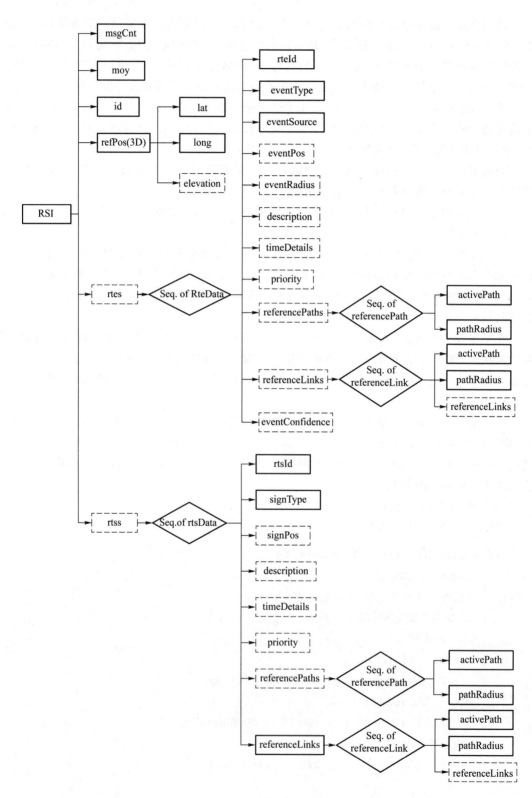

图 4.7　RSI 的主体结构

4. 路侧安全消息

1) 定义

路侧安全消息(Road Safety Message,RSM):路侧单元通过路侧本身拥有的相应感知识别手段,得到的其周边交通参与者(这里的交通参与者包括路侧单元本身、周围车辆、非机动车、行人等)的实时状态信息,并将这些信息整理成本消息体所定义的格式,将其作为这些交通参与者的基本安全状态信息(类似于 BSM),广播给周边车辆,支持这些车辆的相关应用。

RSM 的存在使得车辆对于周围环境的感知不仅仅依赖 BSM。路侧单元基于路侧传感器,帮助车辆对其周围的环境进行了探测,并将实时信息通过 RSM 传递给车辆。

RSM 的使用场景如图 4.8 所示。

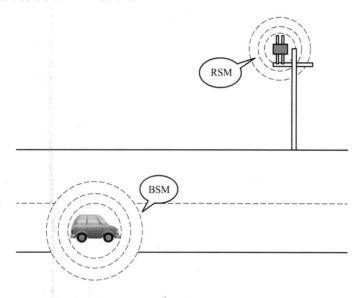

图 4.8　RSM 的使用场景

2) 消息主体结构及说明

RSM 具备消息的 ID 和不同消息发送方 RSU 的 ID 的字段。RSM 中的位置信息字段用来提供本消息作用范围内的参考三维位置坐标,消息中所有的位置偏移量均基于该参考坐标计算,真实位置坐标等于偏移量加上参考坐标。

RSU 获取路侧感知单元检测的所有或部分周边交通参与者的信息并将其组成 RSM 的参与者列表信息,这部分信息实际上相当于 BSM 中 OBU 广播的自身车辆信息,信息内容组成与 BSM 类似,只不过由 RSU 获取感知信息并发送给周边其他车辆,一些只能由车辆自身提供的信息(如刹车状态)则无法在 RSM 中体现。

当某参与者信息来源于 RSU 收到的 BSM 时,其中的车辆 ID 字段必须与 BSM 中的车辆 ID 字段一致。当消息中包含非机动车、行人等交通参与者时,RSM 可减去属于机动车部分的信息字段。

图 4.9 给出了 RSM 的主体结构,其中实线框为必有项,虚线框为可选项。

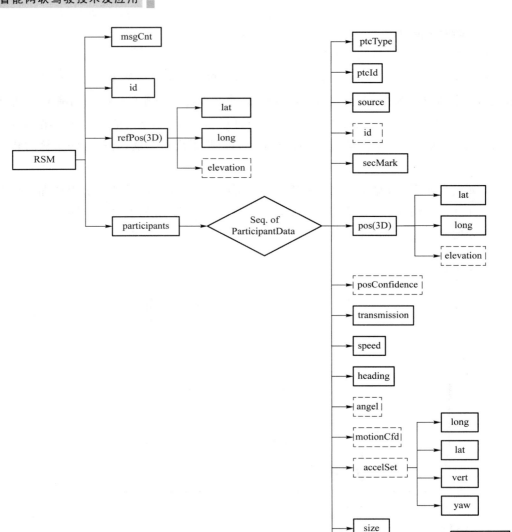

图 4.9 RSM 的主体结构

3) RSM 应用

RSM 主要对接路侧的感知设备和边缘计算设备,用于道路事件的识别,比如车辆发生事故、车辆异常、异物闯入等,通过路侧设备本身拥有的相应感知识别技术,得到其周边交通参与者的实时状态信息,并将这些信息整理成本消息体所定义的格式。RSM 的存在使车辆对周围环境的感知不仅仅依赖 BSM。路侧单元基于路侧传感器,帮助车辆对其周围的环境进行探测,获得超视距的感知。

在场景应用方面,RSM 中包含的行人感知信息可用于弱势交通参与者碰撞预警场景,该场景可分为前车遮挡视野盲区内的行人碰撞和倒车视野盲区的行人碰撞,可通过 RSM 进行预警提醒。

4) RSM 的 ASN.1 代码

RSM 的 ASN.1 代码如下:

```
RoadsideSafetyMessage ::= SEQUENCE {
    msgCnt MsgCount,
    id OCTET STRING (SIZE(8)),
    -- RSU ID
    refPos Position3D,
    -- Reference position of this RSM message
    participants ParticipantList,
    -- All or part of the participants
    -- detected by RSU
    ...
}
```

5. 交通灯相位与时序消息

1) 定义

交通灯相位与时序消息(Signal Phase Timing Message,SPAT)包含了一个或多个路口信号灯的当前状态信息。结合 MAP,可为车辆提供实时的前方信号灯相位信息。SPAT 的使用场景如图 4.10 所示。

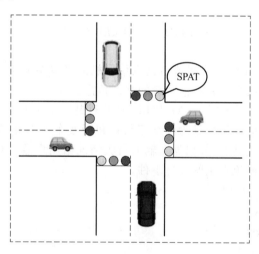

图 4.10　SPAT 消息使用场景

2) 消息主体结构及说明

SPAT 同样包含消息 ID、发送时间戳、字符串描述。SPAT 的主体信息为信号灯状态集合,道路交通中的信号灯设在路口处,并主要指示信号灯的颜色及持续时间的信息。因此在 SPAT 中,需要定义路口 ID、信号灯相位状态。其中的信号灯相位状态就是信号灯的颜色、剩余时间,可能也会包括信号灯的下一个相位状态。

此外,SPAT 中还包括信号灯的工作状态指示,以不用的数字代表不同的工作状态。SPAT 也会对消息的产生以及存档的时间戳进行记录,根据需求可额外定义相应的时间可信度。

图 4.11 给出了 SPAT 的主体结构,其中实线框为必有项,虚线框为可选项。

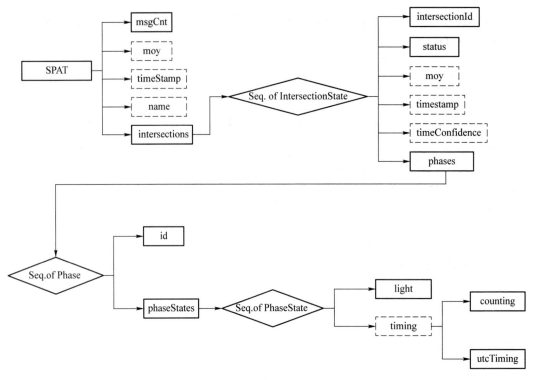

图 4.11 SPAT 的主体结构

3）SPAT 应用

SPAT 通常由 RSU 集成信号机或者接入信号机采集终端来完成灯态的对接和下发，通常信号灯消息包含一个或多个路口信号灯的状态信息。

在实际应用中 SPAT 多配合 MAP 使用，为车辆提供实时的信号灯相位消息及行车诱导。在另一阶段中主要的应用场景为闯红灯预警和绿波车速引导，即当车辆在行驶到路口之前提前为用户下发相关灯态，并根据车辆的行驶情况给用户播报对应的预警信息，让用户能够不停车通过路口或避免发生闯红灯事件。

4）SPAT 的 ASN.1 代码

SPAT 的 ASN.1 代码如下：

```
SPAT ::= SEQUENCE {
    msgCnt MsgCount,
    moy MinuteOfTheYear OPTIONAL,
    timeStamp DSecond OPTIONAL,
    -- Time stamp when this message is formed
    name DescriptiveName OPTIONAL,
    -- human readable name for this collection
    -- to be used only in debug mode
    intersections IntersectionStateList,
    -- sets of SPAT data (one per intersection)
    ...
}
```

4.3 智能网联消息台架实验

智能网联消息
台架实验

4.3.1 实验目的

① 了解基于 LTE 的车联网无线通信技术消息层的技术要求,包括消息层数据集的架构以及具体的数据定义。

② 通过车路协同预警应用演示了解不同场景下 BSM、MAP、SPAT、RSI、RSM 等对智能网联驾驶应用的辅助能力。

4.3.2 实验原理

本实验基于 5 种智能网联消息的消息格式和应用场景进行设计,不同消息类型以不同演示场景为例,具体如下:BSM——前向碰撞预警、MAP 消息——限速预警、SPAT——绿波车速引导、RSI——车内标牌、RSM——弱势交通参与者碰撞预警。

4.3.3 实验内容

1) 步骤一

如图 4.12 所示,主菜单下单击"车路协同网联消息实验"进入本次实验。

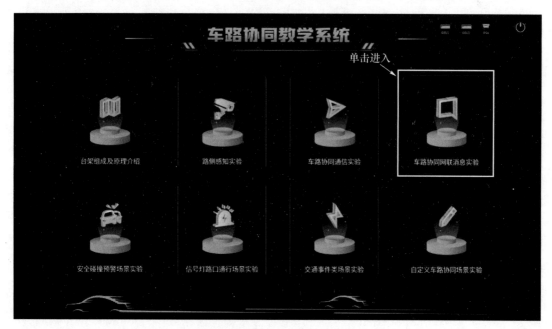

图 4.12 车路协同网联消息实验

2) 步骤二

进入实验后可以通过单击切换网联消息,分别了解 BSM(如图 4.13 所示)、MAP(如图 4.14 所示)、SPAT(如图 4.15 所示)、RSI(如图 4.16 所示)以及 RSM(如图 4.17 所示)共 5 种网联消息的简介和组成字段,并以颜色区分该字段是可选或必选(蓝色代表必选,黄色代表可选)。

图 4.13　BSM 介绍和组成字段

图 4.14　MAP 介绍和组成字段

图 4.15　SPAT 介绍和组成字段

图 4.16　RSI 介绍和组成字段

3）步骤三

选择不同网联消息查看场景示例。

（1）BSM

进入 BSM 的场景示例，该实验以前向碰撞预警场景为例进行演示，在该场景中远车和主车互相发送 BSM，如图 4.18 所示，界面左侧显示两车发送的 BSM 内容，该内容会不断被刷新，可以通过按下空格键或者鼠标左键暂停演示。通过该实验可熟悉 BSM 的内容和物理含义。

图 4.17 RSM 介绍和组成字段

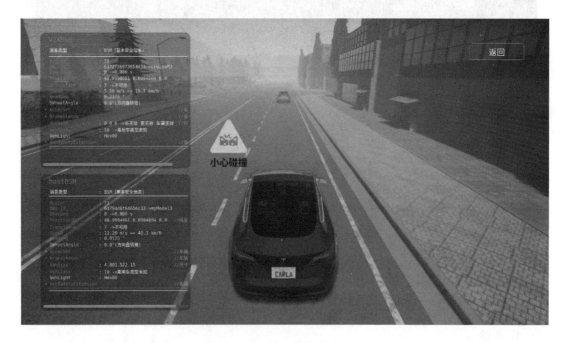

图 4.18 BSM 场景演示图

(2) MAP

进入 MAP 的场景示例,该实验以限速预警场景为例进行演示,在该场景中 RSU 向 OBU 下发局部地图场景,如图 4.19 所示,界面左上方显示下发的 MAP 内容,该内容会不断刷新,可以通过按下空格键或者鼠标左键暂停演示。通过该实验可熟悉 MAP 的内容和物理含义。

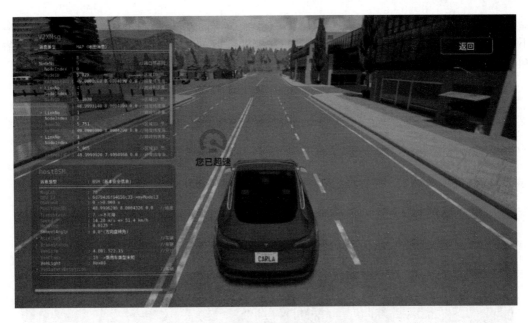

图 4.19 MAP 场景演示图

(3) SPAT

进入 SPAT 的场景示例,该实验以绿波车速引导场景为例进行演示,在该场景中 RSU 通过 SPAT 广播路口信号灯实时状态数据,如图 4.20 所示,界面左侧显示广播的 SPAT 内容,该内容会不断被刷新,可以通过按下空格键或者鼠标左键暂停演示。通过该实验可熟悉 SPAT 的内容和物理含义。

图 4.20 SPAT 场景演示图

(4) RSI

进入 RSI 的场景示例,该实验以道路施工预警场景为例进行演示,在该场景中 RSU 通过 RSI 广播道路施工信息,如图 4.21 所示,界面左侧上方显示广播的 RSI 内容,该内容会不断被刷新,可以通过按下空格键或者鼠标左键暂停演示。通过该实验可熟悉 RSI 的内容和物理含义。

图 4.21　RSI 场景演示图

(5) RSM

进入 RSM 的场景示例,该实验以弱势交通参与者碰撞预警场景为例进行演示,在该场景 RSU 通过 RSM 广播弱势交通参与者消息,如图 4.22 所示,界面左侧上方显示 RSU 广播的 RSM 内容,该内容会不断被刷新,可以通过按下空格键或者鼠标左键暂停演示。通过该实验可熟悉 RSM 的内容和物理含义。

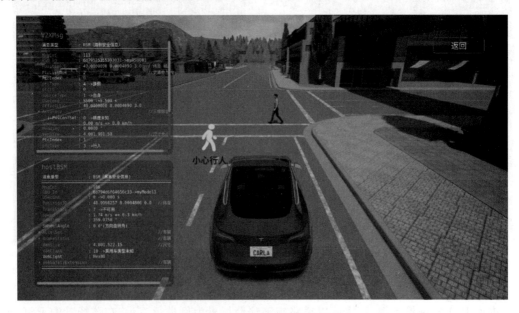

图 4.22　RSM 场景演示图

4）步骤四

比较、分析不同消息的作用和应用场景,得出实验结论,实验结束后单击"×"返回主界面。

思 考 题

1. 比较第一阶段应用、第二阶段应用和高等级自动驾驶应用,分析3类场景的联系和区别。
2. 阐述智能网联基础消息的种类,以及每一类消息的构成和作用。
3. 结合智能网联驾驶应用场景,讨论不同智能网联基础消息适用的应用场景。
4. 利用编程工具将不同消息的 ASN.1 格式转换为编程语言。

第 5 章
智能网联驾驶碰撞预警应用

5.1 碰撞预警场景介绍

碰撞类交通事故在所有交通事故类型中有较高的占比,且碰撞类交通事故由于撞击会对车体造成比较大的破坏,一般会导致比较严重的后果,对车辆及乘客造成的伤害较其他类型的交通事故更为严重,因此如何持续有效减少碰撞类交通事故的发生及减小碰撞危害是交通从业者面临的难题。

从事故发生的原因来看,碰撞类交通事故不外乎是司机、车辆和环境三要素互相作用造成的,如驾驶员在行驶过程中由于接打电话、疲劳、环境影响造成注意力分散,或两车车距较近,前车急刹时来不及反应等容易导致追尾、剐蹭等事故的发生;在行车过程中车身、障碍物遮挡等极容易使驾驶员存在视野盲区,导致车辆在进行变道、途经复杂路口时由于观察不到视野盲区内的车辆、行人而造成碰撞事故的发生;恶劣或极端天气(如浓雾、暴雨)导致驾驶员的观察距离有限,刹车、制动效果受影响,也很容易造成碰撞事故的发生。

因此针对各种潜在的碰撞风险,提前有效的预警是必要的,通过提醒驾驶员未曾注意到的风险,避免事故发生或降低伤害程度。

对 V2X 技术而言,搭载了智能车载终端的车辆能够相互之间通信,互相知晓其驾驶状态和意图,能有效减少车车之间的碰撞,如追尾、盲区剐蹭、交叉路口相撞,并能够通过车载 HMI 终端对驾驶员进行预警。

此外,对 V2X 技术的落地应用性而言,该技术还具有传统 ADAS 不可比拟的优势。V2X 技术对于碰撞事件的预测主要基于高精度全球导航卫星系统(Global Navigation Satellite System,GNSS)的采样频率、精准度以及预测算法精度,对于数据交互的频率及时延并没有极高的要求,只要能和 GNSS 采样大抵匹配即可,这样即可以降低预警预测对于时间同步的要求,也能够减少对设备计算性能的消耗。

5.2 前向碰撞预警技术

5.2.1 前向碰撞预警的定义

前向碰撞预警(Forward Collision Warning,FCW)是指主车(HV)在车道上行驶,与在正前方同一车道的远车(RV)存在追尾碰撞危险时,前向碰撞预警应用将对HV驾驶员进行预警。本应用适用于普通道路或高速公路等车辆追尾碰撞危险的预警。前向碰撞预警应用辅助驾驶员避免或减小前向碰撞危害,提高道路行驶的安全系数。

5.2.2 前向碰撞预警的主要场景

根据功能定义描述可知,当HV(主车)与同车道RV(远车)之间的相对距离小于阈值时FCW功能触发。FCW包括如下4种主要场景。

场景一：HV(主车)正常行驶,RV(远车)在位于HV同一车道的正前方停止,如图5.1所示。HV行驶过程中在即将与RV发生碰撞时,FCW应用对HV驾驶员发出预警,提醒驾驶员与位于正前方的车辆RV存在碰撞危险;预警时机需确保HV驾驶员收到预警后,能有足够的时间采取措施,避免与RV发生追尾碰撞。在此过程中,HV和RV需具备短程无线通信(如LTE-V2X)能力。

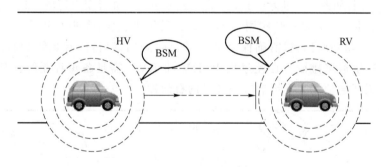

图5.1 HV行驶,RV在同一车道的正前方停止

场景二：HV正常行驶,RV在位于HV相邻车道的前方停止,如图5.2所示。HV行驶过程中不会与RV发生碰撞,HV驾驶员不会收到FCW预警信息。在此过程中,HV和RV需具备短程无线通信能力。

场景三：HV正常行驶,RV位于HV同一车道的正前方慢速或减速行驶,如图5.3所示。HV行驶过程中在即将与RV发生碰撞时,FCW应用对HV驾驶员发出预警,提醒驾驶员与位于正前方的车辆RV存在碰撞危险;预警时机需确保HV驾驶员收到预警后,能有足够的时间采取措施,避免与RV发生追尾碰撞。在此过程中,HV和RV需具备短程无线通信能力。

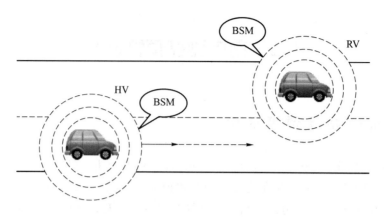

图 5.2　HV 行驶,RV 在相邻车道的前方停止

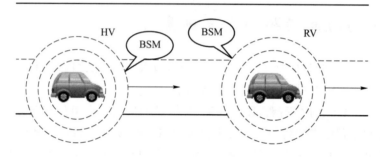

图 5.3　HV 行驶,RV 在同一车道的正前方慢速或减速行驶

场景四:HV 跟随 RV-2 正常行驶,RV-1 在同一车道上 RV-2 的正前方停止,HV 的视线被 RV-2 所遮挡,如图 5.4 所示。RV-2 为了避开 RV-1 进行变道行驶;HV 行驶过程中在即将与 RV-1 发生碰撞时,FCW 应用对 HV 驾驶员发出预警,提醒驾驶员与位于正前方的 RV-1 存在碰撞危险;预警时机需确保 HV 驾驶员收到预警后,能有足够的时间采取措施,避免与 RV-1 发生追尾碰撞。在此过程中,HV 和 RV-1 需具备短程无线通信能力,RV-2 是否具备短程无线通信能力不影响应用场景的有效性。

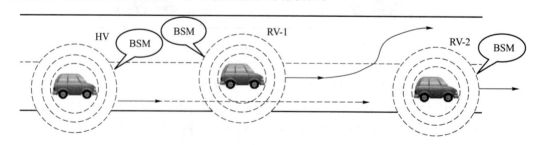

图 5.4　HV 跟随 RV-2 正常行驶,RV-1 在同一车道上 RV-2 的正前方停止

5.2.3　前向碰撞预警的基本原理与算法实现

若 HV 在行驶过程中与同一车道前方 RV 存在碰撞危险,那么 FCW 应用就会对 HV

驾驶员进行预警。触发FCW功能的HV和RV的位置关系如图5.5所示,其中HV和RV在同一车道,RV在HV的前方。

FCW的基本工作原理如下。

① HV的车载通信单元接收RV发送的BSM,分析接收到的消息,筛选出位于同一车道前方(前方同车道)区域的RV,并进一步筛选出处于一定距离范围内的RV作为潜在威胁车辆。

② 计算每一个潜在威胁车辆的碰撞时间(Time-to-Collision,TTC)或防撞距离(Collision Avoidance Range),筛选出与HV存在碰撞危险的威胁车辆。

③ 若有多个威胁车辆,则筛选出最紧急的威胁车辆。

④ 系统通过HMI对HV驾驶员进行相应的碰撞预警。

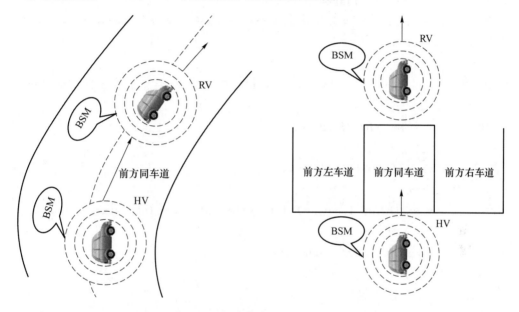

图5.5 触发FCW功能的HV和RV的位置关系

本节实现FCW算法的具体思路如下。

① 定义一个函数doFCW,它接受3个参数——hvInfo、rvInfo和fcwTTC,其中hvInfo和rvInfo表示主车和远车的信息,fcwTTC表示前向碰撞预警时间阈值。

② 函数内部首先初始化两个变量:warning_flag和adviser。warning_flag表示预警等级,其中0表示无须预警,1表示需要减速预警,2表示需要紧急停车预警。adviser表示建议类型,其中keep表示保持当前状态,slow_down表示减速行驶,emergency_stop表示紧急停车。

③ 分别从hvInfo和rvInfo中提取主车和远车的x坐标和y坐标、速度、航向角、尺寸和车辆类型,并将其赋值给相应的变量。

④ 判断主车是否静止(速度小于0.1),如果是,则直接返回warning_flag和adviser,即无须预警。

⑤ 调用my_gps2xyz_ver2、my_calc_distance、determineTCType 3个自定义函数,分别计算主车和远车之间的纵向、横向和直线距离以及相对位置关系。

⑥ 判断远车是否在主车正前方,若是则进行前向碰撞预警判断。

⑦ 计算两车之间的碰撞时间,如果该时间小于 fcwTTC,则将 warning_flag 设为 1,并将 adviser 设为 slow_down,然后计算两车之间除去各自长度一半后剩余的距离 d(即有效距离),如果该距离小于 10,则将 warning_flag 设为 2,并将 adviser 设为 emergency_stop。

⑧ 最终返回 warning_flag 和 adviser 作为函数输出。

下面给出了基于 Python 的 FCW 算法实现示例代码,供读者在学习时参考。

```python
1.   def doFCW(hvInfo: Hv_Info, rvInfo: Hv_Info, fcwTTC:float):
2.
3.       warning_flag = 0
4.       adviser = Advise.keep
5.       ##print('================FCW 开始==================')
6.       #主车 hv 信息
7.       #xy 坐标
8.       hv_x, hv_y = my_gps2xyz_ver2(hvInfo.lle.longitude_, hvInfo.lle.latitude_)
9.       #速度
10.      hv_speed = hvInfo.speed
11.      #航向角
12.      hv_heading = hvInfo.mv.angle_
13.      #尺寸
14.      hv_width, hv_length = hvInfo.size.width_, hvInfo.size.length_
15.      #车辆类型
16.      hv_class = hvInfo.vehClass
17.
18.      #远车 rv 信息
19.      #xy 坐标
20.      rv_x, rv_y = my_gps2xyz_ver2(rvInfo.lle.longitude_, rvInfo.lle.latitude_)
21.      #速度
22.      rv_speed = rvInfo.speed
23.      #航向角
24.      rv_heading = rvInfo.mv.angle_
25.      #尺寸
26.      rv_width, rv_length = rvInfo.size.width_, rvInfo.size.length_
27.      #车辆类型
28.      rv_class = rvInfo.vehClass
29.
30.      if hv_speed < 0.1:
31.          return warning_flag, adviser
32.
```

```
33.        hostXYZ = (hv_x, hv_y, hv_heading)
34.        vehXYZ = (rv_x, rv_y, rv_heading)
35.        longi_dist, lat_dist, dist = my_calc_distance(hostXYZ, vehXYZ)
36.        relation = determineTCType(longi_dist, lat_dist)
37.
38.        if relation == 'ahead':    #如果rv在hv的正前方,才进行FCW预警
39.            ttc = my_calcTTC(hvInfo, rvInfo, longi_dist, lat_dist, dist)
40.            d = max(0, longi_dist-rv_length/2-hv_length/2)
41.
42.            if ttc < fcwTTC:
43.                warning_flag = 1
44.                adviser = Advise.slow_down
45.
46.            if longi_dist < 10:
47.                warning_flag = 2
48.                adviser = Advise.emergency_stop
49.        return warning_flag, adviser
```

前向碰撞预警
算法代码

5.3 交叉路口碰撞预警技术

5.3.1 交叉路口碰撞预警的定义

交叉路口碰撞预警(Intersection Collision Warning, ICW)是指主车(HV)驶向交叉路口,与侧向行驶的远车(RV)存在碰撞危险时,ICW 应用将对 HV 驾驶员进行预警。本应用适用于城市及郊区普通道路及公路的交叉路口、环道入口、高速路入口等碰撞危险的预警。

ICW 应用辅助驾驶员避免或减小侧向碰撞危害,提高交叉路口的通行安全系数。

5.3.2 交叉路口碰撞预警的主要场景

ICW 包括如下主要场景。

场景一:HV 停止在路口,RV-1 从 HV 左侧或右侧驶向路口,HV 的视线可能被出现在路口的 RV-2 所遮挡,如图 5.6 所示。HV 启动并准备进入路口时,ICW 应用对 HV 驾驶员发出预警,提醒驾驶员与侧向来车 RV-1 存在碰撞危险。预警时机需确保 HV 驾驶员收到预警后,能有足够的时间采取措施,避免与 RV-1 发生碰撞。在此过程中,HV 和 RV-1 需具备短程无线通信能力,RV-2 是否具备短程无线通信能力不影响应用场景的有效性。

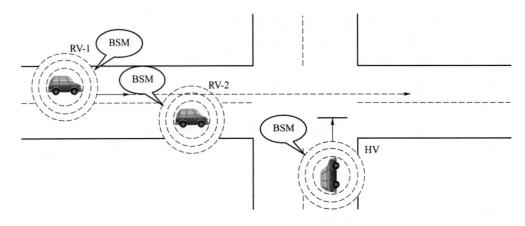

图 5.6 HV 在路口起步

场景二：HV 驶向路口，同时 RV-1 从 HV 左侧或右侧驶向路口，HV 的视线可能被出现在路口的 RV-2 所遮挡，如图 5.7 所示。当 HV 驶近路口时，ICW 应用对 HV 驾驶员发出预警，提醒驾驶员与侧向来车 RV-1 存在碰撞危险；预警时机需确保 HV 驾驶员收到预警后，能有足够的时间采取措施，避免与 RV-1 发生碰撞。在此过程中，HV 和 RV-1 需具备短程无线通信能力，RV-2 是否具备短程无线通信能力不影响应用场景的有效性。

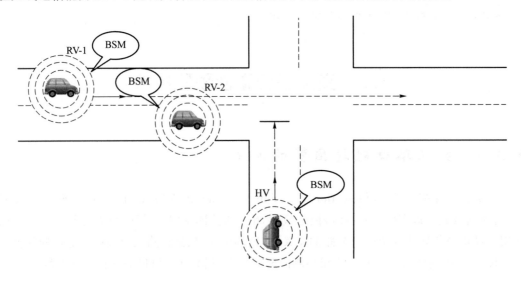

图 5.7 HV 和 RV 同时驶向路口

5.3.3 交叉路口碰撞预警的基本原理与算法实现

若 HV 在驶向交叉路口时与任意一辆驶向同一路口的 RV 存在碰撞危险，ICW 应用就会对 HV 驾驶员进行预警。触发 ICW 功能的 HV 和 RV 的位置关系如图 5.8 所示，其中 HV 和 RV 行驶方向不限于垂直交叉（90°），可为一定范围内的多角度交叉。

ICW 的基本工作原理如下。

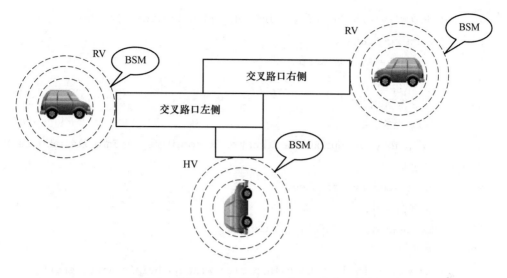

图 5.8 触发 ICW 功能的 HV 和 RV 的位置关系

① HV 的 OBU 接收 RV 的 BSM 并分析接收到的消息,筛选出位于交叉路口左侧(Intersecting Left)或交叉路口右侧(Intersecting Right)区域的 RV。RV 消息可能由 RV 发出或从路侧单元获取。

② 进一步筛出选处于一定距离范围内的 RV 作为潜在威胁车辆。

③ 计算每一个潜在威胁车辆到达路口的时间(Time-to-Intersection,TTI)和到达路口的距离(Distance-to-Intersection,DTI),筛选出与 HV 存在碰撞危险的威胁车辆。

④ 若有多个威胁车辆,则筛选出最紧急的威胁车辆。

⑤ 系统通过 HMI 对 HV 驾驶员进行相应的碰撞预警。

本书实现 ICW 算法的具体思路如下。

① 定义一个函数 doICW,它接受 3 个参数:hvInfo、rvInfo 和 IcwTTC。hvInfo 和 rvInfo 表示主车和远车的信息,IcwTTC 表示交叉碰撞预警时间阈值。

② 函数内部首先初始化两个变量:warning_flag 和 adviser。warning_flag 表示预警等级,其中 0 表示无须预警,1 表示需要减速预警,2 表示需要紧急停车预警。adviser 表示建议类型,其中 keep 表示保持当前状态,slow_down 表示减速行驶,emergency_stop 表示紧急停车。

③ 分别从 hvInfo 和 rvInfo 中提取主车和远车的 x 坐标和 y 坐标、速度、航向角、尺寸和车辆类型,并将其赋值给相应的变量。

④ 调用 my_calc_distance 函数,分别计算主车和远车之间的纵向、横向和直线距离、相对位置关系以及两车与交叉路口的位置关系。

⑤ 计算两车之间的碰撞时间,如果该时间小于 IcwTTC,则将 warning_flag 设为 1,并将 adviser 设为 slow_down;然后计算两车之间的有效距离,如果该距离小于 10,则将 warning_flag 设为 2,并将 adviser 设为 emergency_stop。

⑥ 最终返回 warning_flag 和 adviser 作为函数输出。

下面给出了基于 Python 的 ICW 算法实现示例代码,供读者在学习时参考。

```
1.   def doICW(hvInfo:Hv_Info, rvInfo:Hv_Info, IcwTTC):
2.       warning_flag = 0
3.       adviser = Advise.keep
4.
5.       # 主车 hv 信息
6.       # xy 坐标
7.       hv_x, hv_y = my_gps2xyz_ver2(hvInfo.lle.longitude_, hvInfo.lle.latitude_)
8.       # 速度
9.       hv_speed = hvInfo.speed
10.      # 航向角
11.      hv_heading = hvInfo.mv.angle_
12.      # 尺寸
13.      hv_width, hv_length = hvInfo.size.width_, hvInfo.size.length_
14.      # 车辆类型
15.      hv_class = hvInfo.vehClass
16.
17.      # 远车 rv 信息
18.      # xy 坐标
19.      rv_x, rv_y = my_gps2xyz_ver2(rvInfo.lle.longitude_, rvInfo.lle.latitude_)
20.      # 速度
21.      rv_speed = rvInfo.speed
22.      # 航向角
23.      rv_heading = rvInfo.mv.angle_
24.      # 尺寸
25.      rv_width, rv_length = rvInfo.size.width_, rvInfo.size.length_
26.      # 车辆类型
27.      rv_class = rvInfo.vehClass
28.      end_1070_829 = my_gps2xyz_ver2(end_loc_1070_829[0], end_loc_1070_829[1])
29.      end_685_829 = my_gps2xyz_ver2(end_loc_685_829[0], end_loc_685_829[1])
30.
31.      # hv dis2end
32.      hv_longi_dist_2_end, hv_lati_dist_2_end, hv_dist_2_end = my_calc_distance([hv_x, hv_y, hv_heading], [end_1070_829[0], end_1070_829[1], hv_heading])
33.      # rv dis2end
34.      rv_longi_dist_2_end, rv_lati_dist_2_end, rv_dist_2_end = my_calc_distance([rv_x, rv_y, rv_heading], [end_685_829[0], end_685_829[1], rv_heading])
```

```
35.         rv_longi_dist_2_end += INTERSECTION_WIDTH
36.         rv_dist_2_end += INTERSECTION_WIDTH
37.
38.         # v2v tc
39.         hv_longi_dis2_rv, hv_lati_dis2_rv, hv_dis2_rv = my_calc_distance
([hv_x, hv_y, hv_heading], [rv_x, rv_y, rv_heading])
40.         print("hv longi to rv ", hv_longi_dis2_rv)
41.         print("hv lati to rv ", hv_lati_dis2_rv)
42.         ttc = my_calcTTC(hvInfo, rvInfo, hv_longi_dis2_rv, hv_lati_dis2_rv,
hv_dis2_rv)
43.         print("ttc ", ttc)
44.
45.         # judge
46.         if (hv_longi_dist_2_end > 0) and (rv_longi_dist_2_end > 0):
47.             if ttc < IcwTTC:
48.                 warning_flag = 1
49.                 adviser = Advise.slow_down
50.
51.             if (hv_longi_dist_2_end < 10):
52.                 warning_flag = 2
53.                 adviser = Advise.emergency_stop
54.         return warning_flag, adviser
```

交叉路口碰撞
预警算法代码

5.4 紧急刹车预警技术

5.4.1 紧急刹车预警的定义

紧急刹车预警(Emergency Brake Warning,EBW)是指主车(HV)行驶在道路上,与前方行驶的远车(RV)存在一定距离,当前方 RV 进行紧急制动时,其会将这一信息通过短程无线通信广播出来。HV 检测到 RV 的紧急制动状态后,若判断该 RV 事件与 HV 相关,则对 HV 驾驶员进行预警。本应用适用于城市及郊区的普通道路及高速公路可能发生的制动追尾碰撞危险的预警。

5.4.2 紧急刹车预警的主要场景

EBW 包括如下主要场景。

场景一：HV 行驶在道路上，RV 发生紧急制动事件，如图 5.9 所示。EBW 应用对 HV 驾驶员发出预警，提醒驾驶员前方紧急制动操作存在碰撞危险。预警时机需确保 HV 驾驶员收到预警后，能有足够的时间采取措施，避免与 RV 发生追尾碰撞。在此过程中，HV 和 RV 需具备短程无线通信能力。

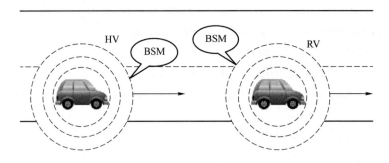

图 5.9 同车道 HV 前方紧邻的 RV 紧急制动

场景二：HV 行驶在道路上，其前方非紧邻的 RV-1 发生紧急制动事件，HV 的视线被紧邻的 RV-2 所遮挡，如图 5.10 所示。EBW 应用对 HV 驾驶员发出预警，提醒驾驶员前方紧急制动操作存在碰撞危险。预警时机需确保 HV 驾驶员收到预警后，能有足够的时间采取措施，避免与 RV-2 和 RV-1 发生追尾碰撞。在此过程中，HV 和 RV-1、RV-2 需具备 V2X 通信能力。

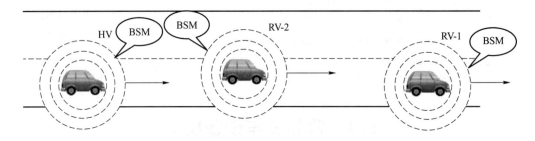

图 5.10 同车道 HV 前方非紧邻的 RV 紧急制动

5.4.3 紧急刹车预警的基本原理与算法实现

在相同或者相邻车道上，RV 发生紧急制动事件并对外广播，当 HV 通过行驶方向、距离、位置、速度等信息，判断该事件对 HV 具有潜在危险时，则对 HV 驾驶员进行预警。触发 EBW 功能的 HV 和 RV 的位置关系如图 5.11 所示。

EBW 的基本工作原理如下。

① RV 出现紧急制动事件时，将这一信息对外进行广播；HV 接收到的 RV 信息时，判断其是否包含紧急制动事件。

② HV 将出现紧急制动事件的 RV 分类为前方相同车道和前方相邻车道。

③ HV 进一步根据车速、位置等信息判断该 RV 是否与 HV 相关，若存在潜在碰撞危

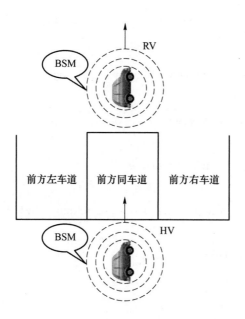

图 5.11 触发 EBW 功能的 HV 和 RV 的位置关系

险,则对 HV 驾驶员进行提醒。

本书实现 EBW 算法的具体思路如下。

① 定义一个函数 doEBW,它接受两个参数——hvInfo 和 rvInfo,两个参数分别表示主车和远车的信息。

② 函数内部首先初始化两个变量:warning_flag 和 adviser。warning_flag 表示预警等级,其中 0 表示无须预警,2 表示需要紧急停车预警。adviser 表示建议类型,其中 keep 表示保持当前状态,emergency_stop 表示紧急停车。

③ 分别从 hvInfo 和 rvInfo 中提取主车和远车的 x 坐标和 y 坐标、速度、航向角、尺寸、车辆类型和刹车状态,并将其赋值给相应的变量。

④ 调用 my_calc_distance 函数,计算主车和远车之间的纵向、横向和直线距离以及相对位置关系。

⑤ 判断主车到远车之间是否满足以下条件,若满足则将 warning_flag 设为 2,并将 adviser 设为 emergency_stop:纵向距离大于 0(即远车在主车前方)、横向距离小于默认道路宽度的一半(即两车在同一条道上)、主车速度大于 0.1(即主车不是静止状态)、主车无法在碰撞前停下来。

⑥ 最终返回 warning_flag 和 adviser 作为函数输出。

下面给出了基于 Python 的 EBW 算法实现示例代码,供读者在学习时参考。

```
1.   def doEBW(hvInfo:Hv_Info, rvInfo:Hv_Info):
2.       warning_flag = 0
3.       adviser = Advise.keep
4.
```

5.　#主车hv信息
6.　#xy坐标
7.　hv_x, hv_y = my_gps2xyz_ver2(hvInfo.lle.longitude_, hvInfo.lle.latitude_)
8.　#速度
9.　hv_speed = hvInfo.speed
10.　#航向角
11.　hv_heading = hvInfo.mv.angle_
12.　#尺寸
13.　hv_width, hv_length = hvInfo.size.width_, hvInfo.size.length_
14.　#车辆类型
15.　hv_class = hvInfo.vehClass
16.
17.　#远车rv信息
18.　#xy坐标
19.　rv_x, rv_y = my_gps2xyz_ver2(rvInfo.lle.longitude_, rvInfo.lle.latitude_)
20.　#速度
21.　rv_speed = rvInfo.speed
22.　#航向角
23.　rv_heading = rvInfo.mv.angle_
24.　#尺寸
25.　rv_width, rv_length = rvInfo.size.width_, rvInfo.size.length_
26.　#车辆类型
27.　rv_class = rvInfo.vehClass
28.　#刹车状态
29.　rv_brake = rvInfo.brakeSys.brake_pedal_status_
30.
31.　longi_dist, lati_dist, dist = my_calc_distance([hv_x, hv_y, hv_heading], [rv_x, rv_y, rv_heading])
32.
33.　#judge
34.　if (longi_dist > 0) and (abs(lati_dist) < DEFAULT_LANE_WIDTH/2) and (hv_speed > 0.1) and (longi_dist < 15 + pow(hv_speed,2)/2/MAX_DECELERATION_FOR_BRAKE_AHEAD):
35.　　　warning_flag = 2
36.　　　adviser = Advise.emergency_stop

```
37.    print("warning ", warning_flag)
38.
39.    return warning_flag, adviser
```

紧急刹车预警
算法代码

5.5 盲区预警/变道预警技术

5.5.1 盲区预警/变道预警的定义

盲区预警/变道预警(Blind Spot Warning/Lane Change Warning, BSW/LCW)是指,当主车(HV)的相邻车道上有同向行驶的远车(RV)出现在 HV 盲区时,BSW/LCW 应用对 HV 驾驶员进行预警;当主车(HV)准备实施变道操作(如激活转向灯等)时,若此时其相邻车道上有同向行驶的远车(RV)处于或即将进入 HV 盲区,LCW 应用对 HV 驾驶员进行预警。本应用适用于普通道路或高速公路等车辆变道可能存在碰撞危险的预警。

BSW/LCW 应用避免车辆变道时,与相邻车道上的车辆发生侧向碰撞,提高变道安全。

5.5.2 盲区预警/变道预警的主要场景

BSW/LCW 包括如下主要场景。

场景一:HV 在本车道内行驶,RV 在 HV 相邻车道内同向行驶,且 RV 处于 HV 盲区内,如图 5.12 所示。BSW 应用提醒 HV 驾驶员其盲区内存在车辆 RV。若此时检测到 HV 驾驶员有向 RV 所在车道变道的意图(如激活转向灯等),则 LCW 应用对 HV 驾驶员发出预警。预警时机需确保 HV 驾驶员收到预警后,能有足够的时间采取措施,避免与相邻车道上的 RV 发生碰撞。

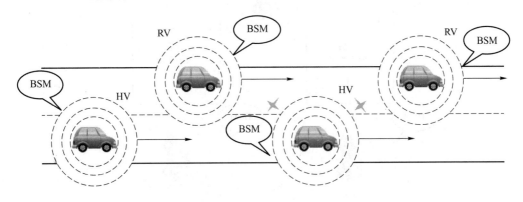

图 5.12 RV 在 HV 盲区内

场景二：HV在本车道内行驶，RV在相邻车道上与HV同向行驶，且即将进入HV的盲区，如图5.13所示。BSW应用提醒HV驾驶员即将有车辆进入其盲区。若此时检测到HV驾驶员有向RV所在车道变道的意图（如激活转向灯），则LCW应用对HV驾驶员发出预警。预警时机需确保HV驾驶员收到预警后，能有足够的时间采取措施，避免与相邻车道上的RV发生碰撞。

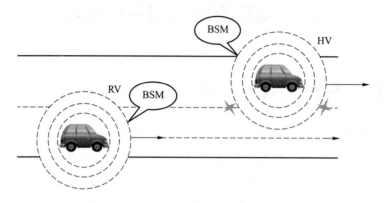

图5.13　RV即将进入HV盲区

5.5.3　盲区预警/变道预警的基本原理与算法实现

当HV意图换道时，若检测到相邻车道上与HV同向行驶的车辆RV处于或即将进入HV盲区，则BSW/LCW应用会对HV驾驶员进行预警。触发BSW/LCW功能的HV和RV的位置关系如图5.14所示。BSW/LCW应用适用于直道和弯道情形。

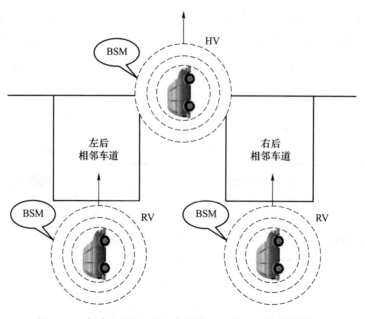

图5.14　触发BSW/LCW功能的HV和RV的位置关系

BSW/LCW 的基本工作原理如下：

① 从接收到的 RV 消息中，筛选出位于 HV 左后相邻车道和右后相邻车道的 RV 作为潜在威胁车辆。

② 判断潜在威胁车辆是否处于或即将进入 HV 盲区。

③ 如果潜在威胁车辆处于或即将进入 HV 盲区，首先对 HV 驾驶员进行 BSW 提醒。

④ 如果潜在威胁车辆处于或即将进入 HV 盲区，而 HV 此时有变道操作，则对 HV 驾驶员进行 LCW 报警。

⑤ 系统通过 HMI 对 HV 驾驶员进行提醒或报警。

本书实现 BSW 算法的具体思路如下：

① 定义一个函数 doBSW，它接受两个参数——hvInfo 和 rvInfo，这两个参数分别表示主车和远车的信息。

② 函数内部首先初始化两个变量：warning_flag 和 adviser。warning_flag 表示预警等级，其中 0 表示无须预警，1 表示需要变道预警。adviser 表示建议类型，其中 keep 表示保持当前状态，changelane 表示变道。

③ 分别从 hvInfo 和 rvInfo 中提取主车和远车的 x 坐标和 y 坐标、速度、航向角、尺寸、车辆类型、刹车状态、灯光状态和 abs 状态，并将其赋值给相应的变量。

④ 调用 my_calc_distance 函数，计算主车和远车之间的纵向、横向和直线距离以及相对位置关系。

⑤ 判断主车到远车之间是否满足以下条件，若满足则将 warning_flag 设为 1，并将 adviser 设为 keep：纵向距离绝对值小于 15、两车在相邻的车道上、主车速度减去远车速度小于或等于 4（两车速度差不大）。

⑥ 最终返回 warning_flag 和 adviser 作为函数输出。

下面给出了基于 Python 的 BSW 算法实现示例代码，供读者在学习时参考，读者可以根据 BSW 实现的示例写出 LSW 的实现代码。

```
1.  def doBSW(hvInfo:Hv_Info, rvInfo:Hv_Info):
2.      warning_flag = 0
3.      adviser = Advise.keep
4.
5.      # 主车 hv 信息
6.      # xy 坐标
7.      hv_x, hv_y = my_gps2xyz_ver2(hvInfo.lle.longitude_, hvInfo.lle.latitude_)
8.      # 速度
9.      hv_speed = hvInfo.speed
10.     # 航向角
```

```
11.     hv_heading = hvInfo.mv.angle_
12.     #尺寸
13.     hv_width, hv_length = hvInfo.size.width_, hvInfo.size.length_
14.     #车辆类型
15.     hv_class = hvInfo.vehClass
16.
17.     #远车rv信息
18.     #xy坐标
19.     rv_x, rv_y = my_gps2xyz_ver2(rvInfo.lle.longitude_, rvInfo.lle.latitude_)
20.     #速度
21.     rv_speed = rvInfo.speed
22.     #航向角
23.     rv_heading = rvInfo.mv.angle_
24.     #尺寸
25.     rv_width, rv_length = rvInfo.size.width_, rvInfo.size.length_
26.     #车辆类型
27.     rv_class = rvInfo.vehClass
28.     #刹车状态
29.     rv_brake = rvInfo.brakeSys.brake_pedal_status_
30.     #灯光状态
31.     rv_light = rvInfo.vehLight.hazardSignalOn
32.     #abs状态
33.     rv_abs = rvInfo.brakeSys.antilock_brake_status_
34.
35.     longi_dist, lati_dist, dist = my_calc_distance([hv_x, hv_y, hv_heading], [rv_x, rv_y, rv_heading])
36.
37.     #judge
38.     if (abs(longi_dist)< 15) and (DEFAULT_LANE_WIDTH/2 < abs(lati_dist)< DEFAULT_LANE_WIDTH * 3/2) and (hv_speed-rv_speed) <= 4):
39.         warning_flag = 1
40.         adviser = Advise.keep
41.     return warning_flag, adviser
```

盲区预警/变道预警算法代码

5.6 碰撞预警应用台架实验

碰撞预警应用
台架实验

5.6.1 实验目的

① 了解安全碰撞预警类应用的原理和算法流程。
② 了解安全预警类应用算法支持的参数配置。
③ 了解安全预警类应用算法的代码实现,对算法进行修改和设计。

5.6.2 实验原理

本实验包含前向碰撞预警、交叉路口碰撞预警和盲区预警/变道预警,由于紧急刹车预警在实验上与前车碰撞预警极为相似,此处不再赘述。

(1) 前向碰撞预警

场景介绍:主车和远车均支持通过 C-V2X 通信交互自身位置和运行状态信息,自车计算两车的运动轨迹,如果存在碰撞的可能性,则弹出碰撞预警,提示驾驶员注意避让前方车辆。

前向碰撞预警算法原理如图 5.15 所示。

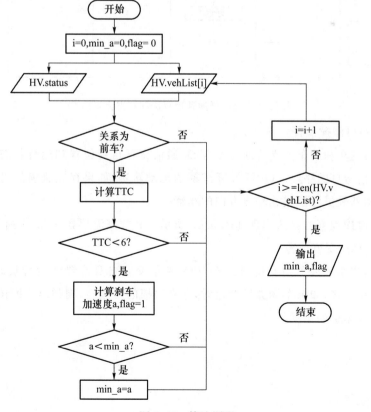

图 5.15 算法原理

其数据流程如图 5.16 所示。

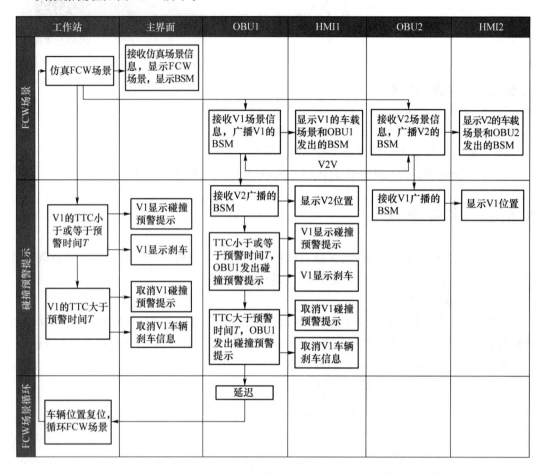

图 5.16 前向碰撞预警算法的数据流程图

(2) 交叉路口碰撞预警

场景介绍：主车和远车均支持通过 C-V2X 通信交互自身位置和运行状态信息，两车垂直通过无交通信号灯的路口。OBU 计算车辆的运动轨迹，如果存在碰撞的可能性，则弹出碰撞预警，提示驾驶员注意避让垂直方向的车辆。

交叉路口碰撞预警的算法原理如图 5.15 所示。其数据流程如图 5.17 所示。

(3) 盲区预警/变道预警

场景介绍：主车和远车均支持通过 C-V2X 通信交互自身位置和运行状态信息。OBU 计算车辆的运动轨迹，如果车辆尝试变道时，存在碰撞的可能性，则弹出碰撞预警，提示驾驶员注意避让相邻车道的车辆。

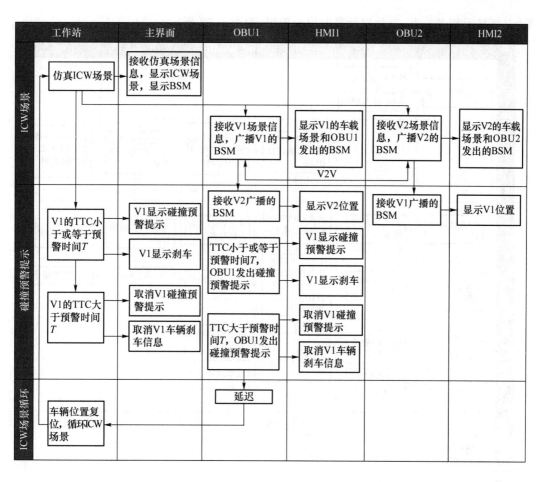

图 5.17 交叉路口碰撞预警算法的数据流程图

盲区预警/变道预警的算法原理如图 5.15 所示。其数据流程如图 5.18 所示。

5.6.3 实验内容

1) 步骤一

如图 5.19 所示,在主菜单下单击"安全碰撞预警场景实验"进入本次实验。

2) 步骤二

进入实验后可以通过单击切换实验场景,分别了解前向碰撞预警的介绍及算法流程(如图 5.20 所示)、交叉路口碰撞预警的介绍及算法流程(如图 5.21 所示)和盲区预警的介绍及算法流程(如图 5.22 所示),单击"场景示例"可以查看对应场景的实验示例。

3) 步骤三

选择不同场景查看实验示例。

(1) 前向碰撞预警

① 进入前向碰撞预警场景示例后,系统首先以默认参数进行仿真,界面主体为仿真场

景,左侧显示相关消息,当触发预警时弹出警报,如图5.23所示。

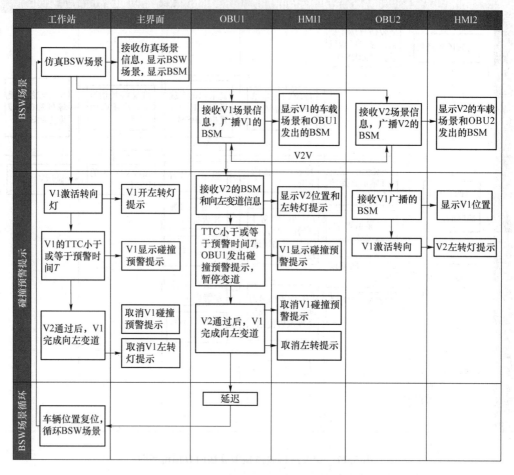

图 5.18 盲区预警/变道预警算法数据流程图

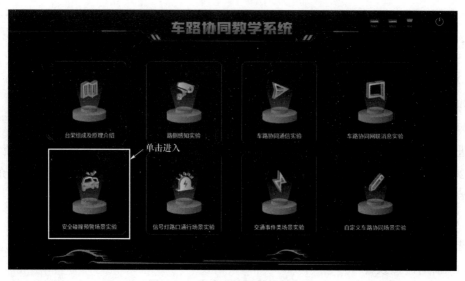

图 5.19 安全碰撞预警场景实验

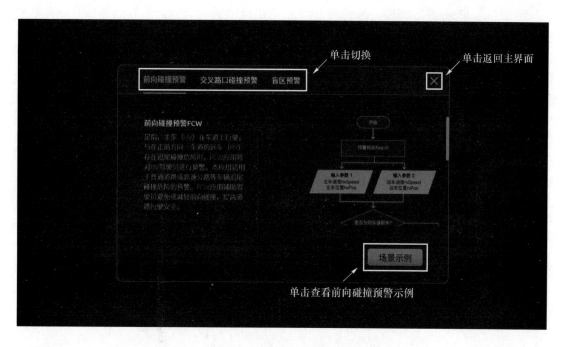

图 5.20　前向碰撞预警介绍及算法流程图

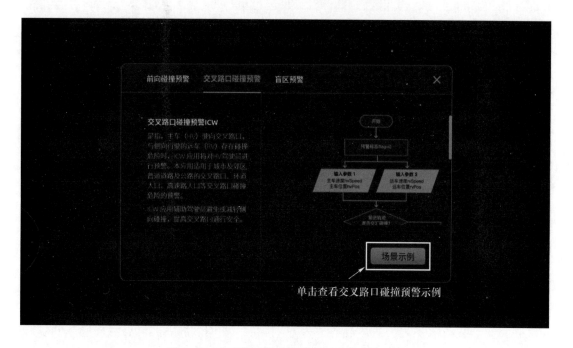

图 5.21　交叉路口碰撞预警介绍及算法流程图

② 单击"参数配置"弹出参数编辑窗口,如图 5.24 所示,输入相关参数后单击"确定",系统根据新参数重新进行仿真并加载仿真界面。

③ 通过配置不同参数进行多次实验,观察、记录、比较实验结果,得出实验结论,实验结束后可以单击右上角的"返回"按钮返回上级菜单。

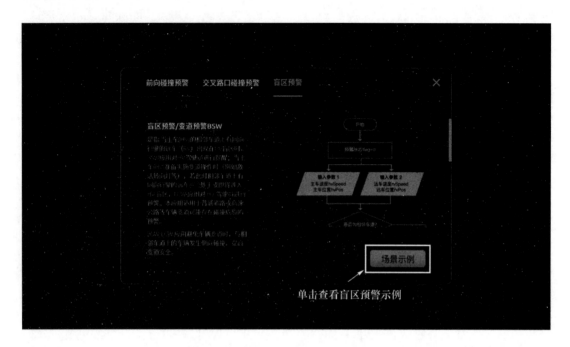

图 5.22　盲区预警介绍及算法流程图

图 5.23　前向碰撞预警场景示意图

(2) 交叉路口碰撞预警

① 进入交叉路口碰撞预警场景示例后,系统首先以默认参数进行仿真,界面主体为仿真场景,左侧显示相关消息,当触发预警时弹出警报,如图 5.25 所示。

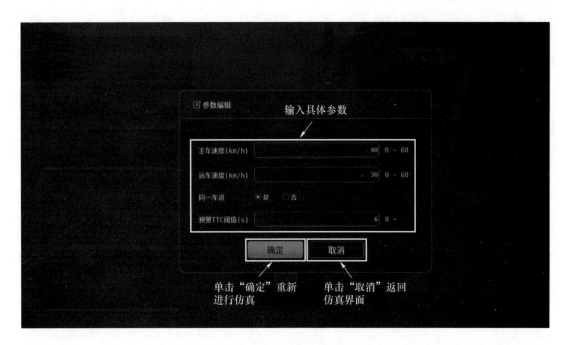

图 5.24　前向碰撞预警参数编辑

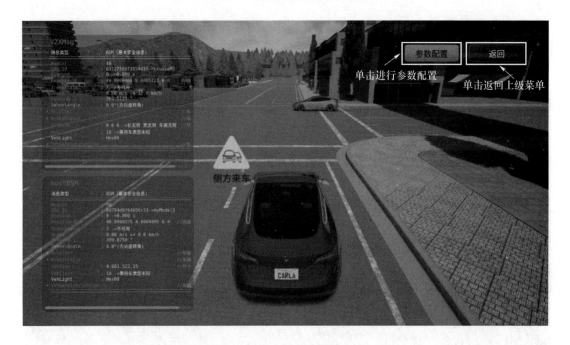

图 5.25　交叉路口碰撞预警场景示意图

② 单击"参数配置"弹出参数编辑窗口，如图 5.26 所示，输入相关参数后单击"确定"，系统根据新参数重新进行仿真并加载仿真界面。

③ 通过配置不同参数进行多次实验，观察、记录、比较实验结果，得出实验结论，实验结束后可以单击右上角的"返回"按钮返回上级菜单。

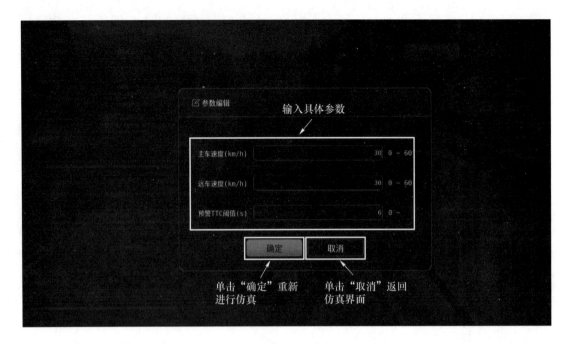

图 5.26 交叉路口碰撞预警参数编辑

(3) 盲区预警

① 进入盲区预警场景示例后,系统首先以默认参数进行仿真,界面主体为仿真场景,左侧显示相关消息,当触发预警时弹出警报,如图 5.27 所示。

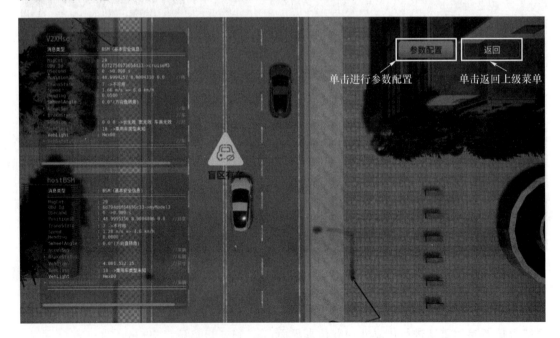

图 5.27 盲区预警场景示意图

② 单击"参数配置"弹出参数编辑窗口,如图 5.28 所示,输入相关参数后单击"确定",

系统根据新参数重新进行仿真并加载仿真界面。

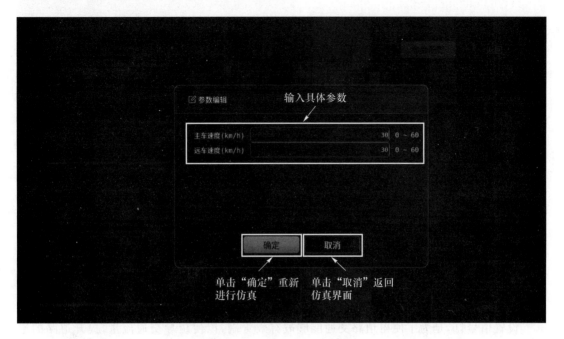

图 5.28 盲区预警参数编辑

③ 通过配置不同参数进行多次实验,观察、记录、比较实验结果,得出实验结论,实验结束后可以单击右上角的"返回"按钮返回上级菜单。

4)步骤四

可以在实验选择界面多次进入不同实验以加深理解,或者在结束实验后单击"×"返回主界面。

思 考 题

1. 总结碰撞预警类应用的关键判定过程。
2. 根据前向碰撞预警的基本原理和算法实现,论述完成这一场景应用的先决条件。
3. 除了本书介绍的几种碰撞预警场景,试列举出 1 到 2 种其他的碰撞预警场景,并简要阐述其基本原理。

第 6 章
智能网联驾驶信号灯路口场景应用

智能网联驾驶
信号灯路口场景应用

6.1 信号灯路口场景介绍

设置信号灯,是为了使得道路交通能够被有效管制,以便疏导交通流量,提升道路的通行能力,减少交通事故的发生。但由于城镇化和道路建设的飞速发展,城市内部的交叉路口越来越多,也越来越复杂,随之增设的信号灯大规模应用也显现出来一定的局限性。例如,车辆在通过有信号灯的路口时,驾驶员可能会因为前车遮挡或主观的判断失误出现闯红灯或开车车速不稳的情况,这不仅可能会带来额外的油耗,还可能导致无法顺利通过路口而造成拥堵或事故。

在实际驾车中经常存在"一路红灯"的情况,导致驾驶员需要频繁地在路口启停,不仅影响了驾乘人员的出行效率,而且增加了对环境的污染。部分灯态下并没有明确的驾驶指令,导致大家凭借主观经验判断,如当驾驶员接近道路交叉口且绿灯剩余时间不多或者信号灯为黄灯时,驾驶员到底是"走"还是"停"没有固定统一的标准,驾驶员只能根据自己经验来选择"走"或者"停"。例如,当遇到黄灯时,若车辆距离道路交叉口比较远,大部分驾驶员会选择停车;若车辆距离道路交叉口比较近,大部分驾驶员则会选择通过。驾驶员的驾驶经验、判断能力有限,当驾驶员遇到黄灯且黄灯的剩余时间已不能满足驾驶员通过道路交叉口时,一些驾驶员由于判断失误而选择通过,导致闯红灯事件的发生,继而引发交通事故。

因此在具备信号灯的路口下,如何有效地提升通行效率,减少停车等待时间和闯红灯事件的发生是城市交通参与者关注的焦点。

绿波车速引导技术能够提示驾驶员当前路段合适的行驶速度,从而顺利通过红绿灯,大大减少了汽车停车的次数。在特定路段驾驶员按照引导车速驾驶可以畅通无阻地通过各个交叉口,信号灯对于到达此交叉口的驾驶员能够一直呈现绿色,这增加了车辆通行的连续性,缓解了交通拥堵。

闯红灯预警技术通过提前向司机下发当前路口的红绿灯灯态,让驾驶员能够排除视线受阻或极端天气对红绿灯观察的影响,超视距知晓路口情况,根据灯态提前采取减速、刹停的动作,当车辆存在不按信号灯规定行驶时,还能对驾驶员进行预警,避免在路口发生碰撞。

6.2 绿波车速引导技术

6.2.1 绿波车速引导的定义

绿波车速引导(Green Light Optimal Speed Advisory,GLOSA)是指,当OBU的HV驶向信号灯路口,并收到由RSU发送的道路数据及信号灯实时状态数据时,GLOSA应用将提供给驾驶员一个建议车速区间,以使车辆能够经济地、舒适地(不需要停车等待)通过信号灯路口。本应用适用于城市及郊区普通道路的信号灯路口。

GLOSA应用能辅助驾驶应用,提高车辆通过交叉路口的经济性和舒适性,提高交通系统效率。

6.2.2 绿波车速引导的主要场景

GLOSA的主要场景如图6.1所示,具体描述如下。
① HV从远处接近信号灯控制路口。
② 路侧通信设备发出局部道路数据信息及从路口信号机处获得信号灯数据信息和实时状态信息。

GLOSA应用根据上述信息,给出HV前方信号灯的实时状态,并结合HV的定位和行驶状态信息,计算出通过路口的引导车速区间。

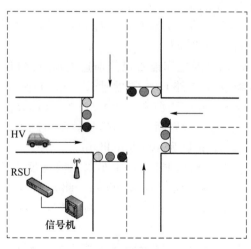

图 6.1 绿波车速引导场景

6.2.3 绿波车速引导的基本工作原理与算法实现

GLOSA的基本工作原理如下。

① HV 根据收到的道路数据,以及本车的定位和运行数据,判定本车在路网中所处的位置和运行方向。

② 判断车辆前方路口是否有信号灯,提取信号灯对应相位的实时状态;若有信号灯信息,则可直接将其显示给驾驶员。

③ GLOSA 应用根据本车的位置,以及信号灯对应相位的实时状态,计算本车能够在本次或下次绿灯期间不停车通过路口所需的最高行驶速度和最低行驶速度,并进行提示。

本书实现 GLOSA 算法的具体思路如下。

① 定义一个函数 doGLOSA,它接受 3 个参数:hvInfo、spatInfo 和 mapInfo。hvInfo 表示主车信息,spatInfo 表示信号灯信息,mapInfo 表示地图消息。

② 函数内部首先初始化 3 个变量:warningFlag、adviser 和 max_spd。warningFlag 表示预警等级,其中 0 表示无须预警,1 表示一般预警,2 表示紧急预警。adviser 表示建议类型,其中 keep 表示保持当前状态,slow_down 表示减速行驶,speed_up 表示加速行驶,avoid_redlight 表示小心红灯。max_spd 表示主车需要的最大速度。

③ 从 hvInfo 中提取主车的 x 坐标和 y 坐标、速度、航向角、尺寸和车辆类型,并将其赋值给相应的变量。

④ 从 mapInfo 中提取车道限速,从 spatInfo 中提取红绿灯信息,包括当前状态、剩余时间,以及红灯、绿灯、黄灯的持续时间,并将其赋值给相应的变量。

⑤ 判断主车是否静止(速度小于 0.1),如果是,则直接返回 warningFlag 和 adviser,即无须预警。

⑥ 调用自定义函数 my_calc_distance,分别计算主车和信号灯路口之间的纵向、横向和直线距离。

⑦ 计算主车以当前速度运动到路口的时间 time_2_end 和主车以当前速度在绿灯和黄灯持续时间内能够前进的距离 pass_time_dist。

⑧ 若主车未通过路口,且与路口的距离不超过 pass_time_dist,主车不是静止的,则将 warningFlag 设为 1,并进行下一步判断。

⑨ 若当前为绿灯或黄灯,判断主车能否以当前速度通过路口,若可以,则将 adviser 设为 keep;否则,计算主车能够通过路口所需的速度 expectSpeed,不超过道路限速则将 adviser 设为 speed_up,将 max_spd(当前主车速度)设为 expectSpeed,若超过道路限速,则将 adviser 设为 slow_down。进一步判断主车与信号灯路口距离是否小于 10 m,若满足则将 warningFlag 设为 2,将 adviser 设为 avoid_redlight。

⑩ 若当前为红灯,且在红灯剩余时间内,主车以当前速度不能到达信号灯路口,则将 adviser 设为 keep;否则,将 adviser 设为 slow_down。此时 max_spd 即当前主车速度。进一步判断主车与信号灯路口距离是否小于 10 m,若满足则将 warningFlag 设为 2,将 adviser 设为 avoid_redlight。

⑪ 最终返回 warningFlag、adviser 和 max_spd 作为函数输出。

下面给出了基于 Python 的 GLOSA 算法实现示例代码,供读者在学习时参考。

```
1.    def doGLOSA(hvInfo:Hv_Info, spatInfo:s_SPAT, mapInfo:s_MAP):
2.        """[Green Light Optimal SpeedAdvisory]
3.
```

```
4.      Args:
5.          hvInfo (Hv_Info): [hv data]
6.          spatInfo (s_SPAT): [spat data]
7.      """
8.
9.      #adviser ['keep','slow_down','speed_up','avoid_redlight']
10.     warningFlag = 0
11.     adviser = Advise.none
12.     max_spd = 0
13.
14.     #主车hv信息
15.     #xy坐标
16.     hv_x, hv_y = my_gps2xyz_ver2(hvInfo.lle.longitude_, hvInfo.lle.latitude_)
17.     #速度
18.     hv_speed = hvInfo.speed
19.     #航向角
20.     hv_heading = hvInfo.mv.angle_
21.     #尺寸
22.     hv_width, hv_length = hvInfo.size.width_, hvInfo.size.length_
23.     #车辆类型
24.     hv_class = hvInfo.vehClass
25.
26.     #车道终点坐标
27.     lane_end = my_gps2xyz_ver2(8.000457, 48.999889)
28.
29.     #车道限速
30.     speed_lmt = mapInfo.speedLimit / 3.6
31.
32.     #当前红绿灯信息
33.     #当前灯
34.     cur_light = spatInfo.lightState
35.     #剩余时间
36.     end_time = spatInfo.endTime / 10
37.     #红灯持续
38.     red_dur = spatInfo.redDuring / 10
39.     #绿灯持续
40.     green_dur = spatInfo.greenDuring / 10
41.     #黄灯持续
```

绿波车速引导算法代码

```
42.     yellow_dur = spatInfo.yellowDuring / 10
43.     if (hv_speed < 0.1) or (end_time <= 0):
44.         return warningFlag, adviser, min_spd, max_spd, longi_dist_2_end
45.
46.     # distance to end
47.     longi_dist_2_end, lat_dist_2_end, dist_2_end = my_calc_distance([hv_x, hv_y, hv_heading], [lane_end[0], lane_end[1], hv_heading])
48.
49.     time_2_end = dist_2_end / hv_speed
50.
51.     pass_time_dist = (green_dur + yellow_dur) * hv_speed
52.
53.     if (longi_dist_2_end > 1) and (longi_dist_2_end <= pass_time_dist) and (hv_speed > 0.1):
54.         # 未驶过路口
55.         warningFlag = 1
56.
57.         if (cur_light == TLState.green.value) or (cur_light == TLState.yellow.value):
58.             if time_2_end <= end_time:
59.                 # 可以通过
60.                 adviser = Advise.keep
61.             else:
62.                 # 是否可以加速
63.                 expectSpeed = longi_dist_2_end / end_time
64.                 if expectSpeed <= speed_lmt:
65.                     # 那么加速
66.                     adviser = Advise.speed_up
67.                     max_spd = speed_lmt
68.                 else:
69.                     adviser = Advise.slow_down
70.                     max_spd = hv_speed
71.                     if longi_dist_2_end < 10:
72.                         warningFlag = 2
73.                         adviser = Advise.avoid_redlight
74.
75.         elif cur_light == TLState.red.value:
76.             if time_2_end > end_time:
```

```
77.                #红灯结束后通过
78.                adviser = Advise.keep
79.            else:
80.                adviser = Advise.slow_down
81.                max_spd = hv_speed
82.
83.                if longi_dist_2_end < 10:
84.                    warningFlag = 2
85.                    adviser = Advise.avoid_redlight
86.            else:
87.                #信号灯故障
88.                pass
89.    return warningFlag, adviser, max_spd
```

6.3 闯红灯预警技术

6.3.1 闯红灯预警的定义

闯红灯预警(Red Light Violation Warning,RLVW)是指,主车(HV)经过有信号控制的交叉口(车道),车辆存在不按信号灯规定或指示行驶的风险时,RLVW应用对驾驶员进行预警。本应用适用于城市、郊区道路及公路的交叉路口、环道出入口和可控车道、高速路入口和隧道等有信号控制的车道,闯红灯过程如图6.2所示。

RLVW应用可辅助驾驶员安全通过信号灯路口,提高信号灯路口的同行安全。

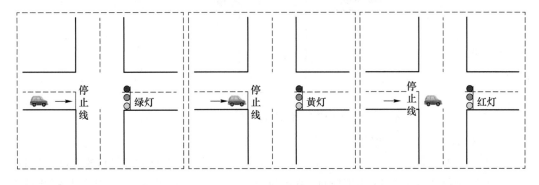

图 6.2 闯红灯过程

6.3.2 闯红灯预警的主要场景

当前方有大车遮挡视线(如图6.3所示)或恶劣天气影响视线,或其他原因,使HV无法对当前红灯或即将到来的红灯做出正确判断时,RLVW 应用检测 HV 当前所处位置和速度等,通过计算预测车头经过路口停止线时信号灯的状态,并向驾驶员进行预警。

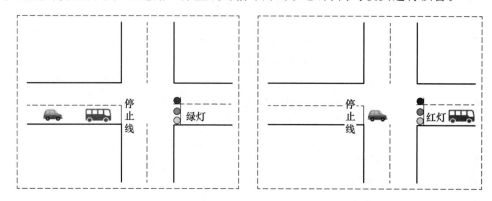

图 6.3　被大车遮挡信号灯

6.3.3　闯红灯预警的基本原理与算法实现

当 HV 驶向具有信号灯控制的交叉路口(车道),遇信号灯即将变红灯或正处于红灯状态,但车辆未能停止在停止线内而继续前行时,RLVW 应用将对该车驾驶员进行预警。触发 RLVW 功能的 HV 与路口设施的位置关系如图 6.4 所示。

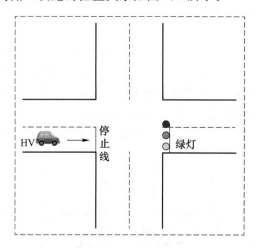

图 6.4　触发 RLVW 功能的 HV 与路口设施的位置关系

RLVW 的基本工作原理如下。

① 具有短程、远程通信能力的 RSU 定时发送路口地理位置信息和信号灯实时状态信息。

② HV 依据本身 GNSS 地理信息,确定当前受管控信号的相位,并计算其与停止线的距离。

③ HV 依据当前速度和其他交通参数预估到达路口的时间。

④ RLVW 将这些信息与接收到的红灯切换时刻和红灯保留时长信息进行对比分析,决定是否预警。

⑤ 当此时信号灯是红灯时，$T_{rest} \cdot V_{cur} < dist_{end}$ 才会预警，其中 T_{rest} 是当前灯的剩余时间，V_{cur} 是 HV 当前车速，$dist_{end}$ 是 HV 目前距离停车线的距离。如果 HV 距离停车线很近，则会进行停车预警。

本书实现 RLVW 算法的具体思路如下：

① 定义一个函数 doRLVW，它接受 2 个参数：hvInfo 和 spatInfo。hvInfo 表示主车信息，spatInfo 表示信号灯信息。

② 函数内部首先初始化两个变量：warning_flag 和 adviser。warning_flag 表示预警等级，其中 0 表示无须预警，1 表示一般预警，2 表示紧急预警。adviser 表示建议类型，其中 keep 表示保持当前状态，slow_down 表示减速行驶，emergency_stop 表示紧急停车。

③ 从 hvInfo 中提取主车的 x 坐标和 y 坐标、速度、航向角、尺寸和车辆类型，并将其赋值给相应的变量。

④ 判断主车是否静止（速度小于 0.1），如果是，则直接返回 warning_flag 和 adviser，即无须预警。

⑤ 从 spatInfo 中提取红绿灯信息，包括信号灯的当前状态及其剩余时间，以及红灯、绿灯、黄灯的持续时间。

⑥ 调用自定义函数 my_calc_distance，分别计算主车和信号灯路口之间的纵向、横向和直线距离。

⑦ 计算主车以当前速度在当前信号灯剩余时间内能够前进的距离。

⑧ 若当前为红灯，且在红灯剩余时间内，主车以当前速度能够到达信号灯路口，则将 warning_flag 设为 1，将 adviser 设为 slow_down；若红灯时主车距离路口小于 5 m，则将 warning_flag 设为 2，将 adviser 设为 emergency_stop。

⑨ 最终返回 warning_flag 和 adviser 作为函数输出。

下面给出了基于 Python 的 RLVW 算法实现示例代码，供读者在学习时参考。

```
1.   def doRLVW(hvInfo:Hv_Info, spatInfo:s_SPAT):
2.       warningFlag = 0
3.       adviser = Advise.keep
4.       # 主车 hv 信息
5.       # xy 坐标
6.       hv_x, hv_y = my_gps2xyz_ver2(hvInfo.lle.longitude_, hvInfo.lle.latitude_)
7.       # 速度
8.       hv_speed = hvInfo.speed
9.       # 航向角
10.      hv_heading = hvInfo.mv.angle_
11.      # 尺寸
12.      hv_width, hv_length = hvInfo.size.width_, hvInfo.size.length_
13.      # 车辆类型
14.      hv_class = hvInfo.vehClass
15.
16.      if hv_speed < 0.1:
```

```
17.         return warningFlag, adviser
18.
19.     #车道终点坐标
20.     lane_end = my_gps2xyz_ver2(end_loc_1070_829[0], end_loc_1070_829[1])
21.
22.     #车道限速
23.     speed_lmt = 8.33
24.
25.     #当前红绿灯信息
26.     #当前灯
27.     cur_light = spatInfo.lightState
28.     #剩余时间
29.     end_time = spatInfo.endTime
30.     #红灯持续
31.     red_dur = spatInfo.redDuring
32.     #绿灯持续
33.     green_dur = spatInfo.greenDuring
34.     #黄灯持续
35.     yellow_dur = spatInfo.yellowDuring
36.
37.     #distance to end
38.     longi_dist_2_end, lat_dist_2_end, dist_2_end = my_calc_distance([hv_x, hv_y, hv_heading], [lane_end[0], lane_end[1], hv_heading])
39.     #print("longi dist to end ", longi_dist_2_end)
40.
41.     #预警距离(预警范围才会触发预警)
42.     remain_time_dist = end_time * hv_speed
43.
44.     if longi_dist_2_end > 0:
45.         #当前为红灯
46.         if RED_LIGHT == cur_light:
47.             if remain_time_dist <= longi_dist_2_end:
48.                 warningFlag = 1
49.                 adviser = Advise.slow_down
50.                 if longi_dist_2_end <= 5:
51.                     warningFlag = 2
52.                     adviser = Advise.emergency_stop
53.
54.     return warningFlag, adviser
```

闯红灯预警
算法代码

6.4 信号灯路口场景应用台架实验

信号灯路口场景
应用台架实验

6.4.1 实验目的

① 了解路口信号灯结合 RSU 的预警应用,熟悉不同信号灯路口场景的关键指标参数。
② 了解绿波通行引导、闯红灯预警等场景的算法配置。
③ 尝试进行场景算法的修改和设计。

6.4.2 实验原理

信号灯路口场景分为绿波通信引导和闯红灯预警两个不同场景,由于两个场景的大部分算法和配置基本一致,且闯红灯预警场景较为简单,故本实验仅介绍绿波通行引导的实验原理。

场景介绍:部署在路口的 RSU 可以通过广播信号灯信息提示准备进入路口的车辆进行减速等待红灯,或者提供建议的行驶速度让车辆安全通过路口。

自车(主车)支持通过 C-V2X 通信,获取路侧设备共享的信号灯信息。车辆准备进入路口时,车载单元通过自身位置和信号灯变化时间计算合适的驾驶速度区间,辅助驾驶员安全地、经济地、舒适地(不需要停车等待)通过路口。该算法流程如图 6.5 所示。

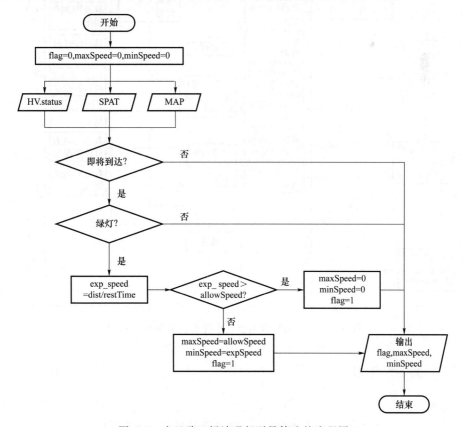

图 6.5 交叉路口绿波通行引导算法的流程图

其数据流程如图 6.6 所示。

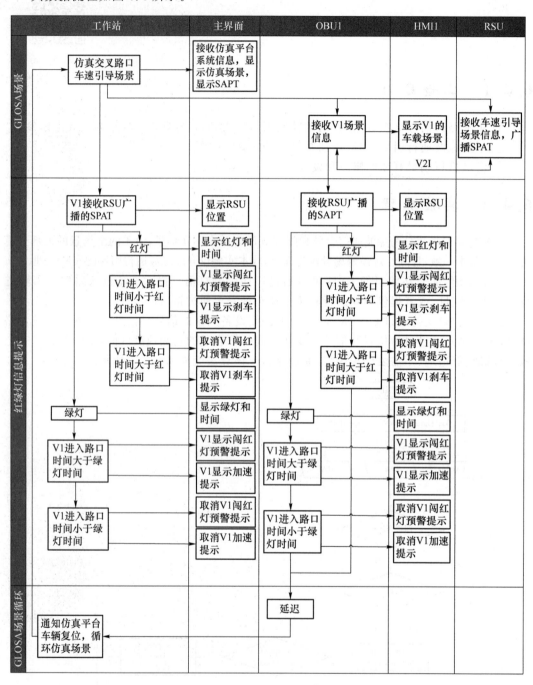

图 6.6 交叉路口绿波通行引导算法的数据流程图

6.4.3 实验内容

1) 步骤一

如图 6.7 所示,在主菜单下单击"信号灯路口通行场景实验"进入本次实验。

第6章 智能网联驾驶信号灯路口场景应用

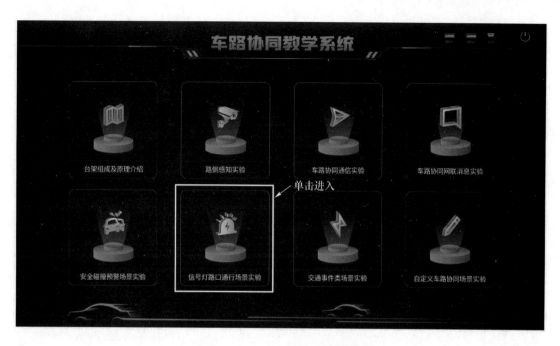

图 6.7　信号灯路口通行场景实验

2) 步骤二

进入实验后可以通过单击切换实验场景,分别了解绿波车速引导的介绍及算法流程(如图 6.8 所示)和闯红灯预警的介绍及算法流程(如图 6.9 所示),单击"场景示例"可以查看对应场景的实验示例。

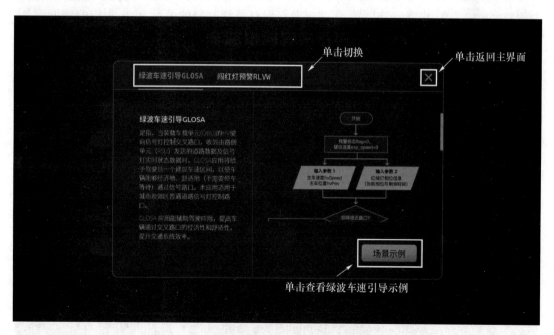

图 6.8　绿波车速引导的介绍及算法流程图

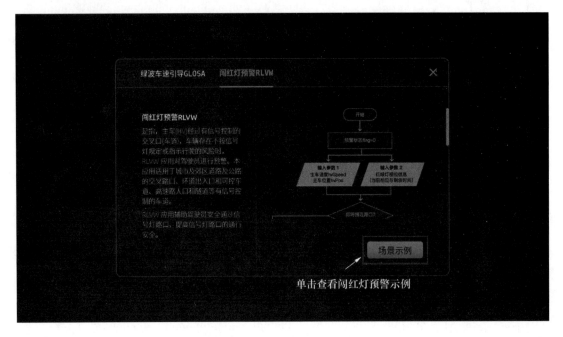

图 6.9 闯红灯预警的介绍及算法流程图

3) 步骤三

选择不同场景查看实验示例。

(1) 绿波车速引导

① 进入绿波车速引导场景示例后,系统首先以默认参数进行仿真,界面主体为仿真场景,左侧显示相关消息,根据自身位置、车速以及红绿灯持续时间的关系,给出相应的辅助信息,图 6.10 表示保持当前车速即可通过信号灯路口,图 6.11 表示需适当加速后才可通过路口。

图 6.10 绿波车速引导场景示意图——保持车速

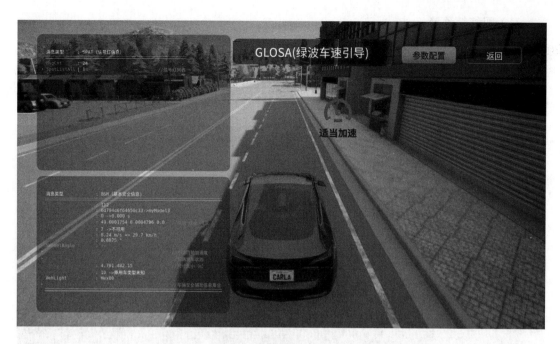

图 6.11　绿波车速引导场景示意图——适当加速

② 单击"参数配置"弹出参数编辑窗口,如图 6.12 所示,输入相关参数后单击"确定",系统根据新参数重新进行仿真并加载仿真界面。

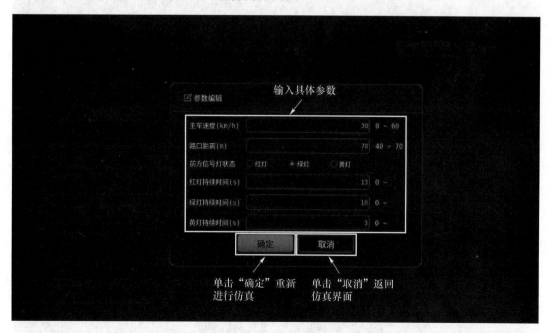

图 6.12　绿波车速引导参数编辑

③ 通过配置不同参数进行多次实验,观察、记录、比较实验结果,得出实验结论,实验结束后可以单击右上角的"返回"按钮返回上级菜单。

(2) 闯红灯预警

① 进入闯红灯预警场景示例后,系统首先以默认参数进行仿真,界面主体为仿真场景,左侧显示相关消息,当距离信号灯路口一定距离,且运动到路口为红灯时,提醒驾驶员适当减速,如图 6.13 所示,车辆运动到路口处且为红灯时,显示闯红灯预警信息,如图 6.14 所示。

图 6.13 闯红灯预警场景示意图——适当减速

图 6.14 闯红灯预警场景示意图——小心红灯

② 单击"参数配置"弹出参数编辑窗口,如图 6.15 所示,输入相关参数后单击"确定",系统根据新参数重新进行仿真并加载仿真界面。

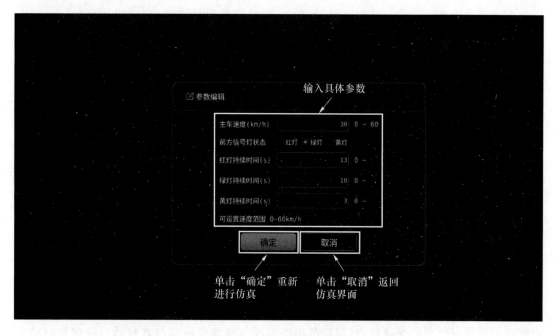

图 6.15　闯红灯预警参数编辑

③ 通过配置不同参数进行多次实验,观察、记录、比较实验结果,得出实验结论,实验结束后可以单击右上角的"返回"按钮返回上级菜单。

4) 步骤四

可以在实验选择界面多次进入不同实验以加深理解,或者结束实验后单击"×"返回主界面。

思　考　题

1. 总结信号灯路口场景应用的关键判定过程。

2. 与碰撞预警场景相比,信号灯路口场景是车与路协同场景的典型代表,请结合前面基本消息类型考虑这一类场景需要哪些基本消息类型做支撑。

3. 除了本书介绍的几种信号灯路口场景,试列举出 1 到 2 种其他的信号灯路口场景,并简要阐述其基本原理。

4. 思考信号灯路口场景应用能够给现有交通带来哪些好处?

第 7 章
智能网联驾驶交通事件场景应用

智能网联驾驶交通事件场景应用

7.1 交通事件场景介绍

在当前的驾驶条件下,每辆车大部分都作为独立个体存在,驾驶员的决策依据多依赖其视野范围内所观察到的交通环境,驾驶员很难实现与其他交通参与者联动或提前知晓前方超远道路的交通态势,做出非常合理的驾驶决策。

在解决天候相关的交通安全方面,驾驶员很难感知到前方超远距离的天气环境或道路积水、湿滑等路况,导致其无法提前知晓前方潜在风险,无法提前采取规避手段,经常在遇到道路坑洼、积水时"手忙脚乱"地采取猛变道、急刹等驾驶行为,这极易导致车辆发生碰撞危险。当前方道路拥堵却不能及时知晓时,驾驶员就不能及时更改驾驶路线,影响出行。

在道路的应急管理方面,自车由于很难关注到后方路况,因此在遇到紧急车辆需要优先通行完成特种作业任务、警方行动需要借道行驶等情况时,很难及时完成规避或变换车道,这既不易让特种车及时通行,也容易在变道时造成交通拥堵,甚至交通事故。

因此如何让自车能够超视距、提前感知前方路况是关键,提前通过事件的下发提醒诱导驾驶员改变行程、提前变道规避或者协调道路通行,能有效地提升驾驶体验和道路通行效率。

在智能网联相关的场景应用能力上,限速提醒能提醒驾驶员当前道路的限速信息,减少违章、超速等危险驾驶行为的出现;道路危险情况的提前下发和前方拥堵提醒能让驾驶员提前知晓前方路况,从容采取驾驶决策;紧急车辆提醒能够对交通参与者进行协调,让其提前给紧急车辆让道,满足紧急车辆快速通行的需要并尽可能减小对当前交通的影响。

7.2 限速预警技术

7.2.1 限速预警的定义

限速预警(Speed Limit Warning,SLW)是指,主车(HV)行驶过程中,在超出限定速度的情况下,SLW应用对HV驾驶员进行预警,提醒驾驶员减速行驶。本应用适用于普通道路及高速公路等有限速的道路。SLW应用可辅助驾驶员避免超速行驶,消除安全隐患,减少交通事故的发生。

7.2.2 限速预警的主要场景

HV和RSU需具备短程无线通信能力。HV行驶时,RSU周期性发送特定路段的限速信息。当HV判断自己在RSU指示的特定路段,且车速超过RSU的速度限值时,SLW应用对HV驾驶员发出预警,提醒驾驶员减速行驶,如图7.1所示。

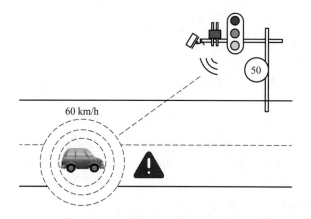

图 7.1 车速超过限速时进行预警

7.2.3 限速预警的基本工作原理与算法实现

SLW的基本工作原理如下。
① HV分析接收到的RSU消息。提取限速路段信息和具体限速大小。
② HV根据本身的定位和行驶方向,将自身定位到特定路段上。
③ 如果HV检测到自己处在限速路段区域内,则判断自身是否在限速范围内;如果不满足限速要求,则触发超速报警。系统通过HMI对HV驾驶员进行相应的限速预警,提醒驾驶员减速。

本书实现 SLW 算法的具体思路如下。

① 定义一个函数 doSLW，它接受 3 个参数：hvInfo 和 spdLmt。hvInfo 表示主车的信息，spdLmt 表示主车所在道路的限速。

② 函数内部首先初始化两个变量：warningFlag 和 adviser。warningFlag 表示预警等级，其中 0 表示无须预警，1 表示需要减速预警。adviser 表示建议类型，其中 keep 表示保持当前状态，slow_down 表示减速行驶。

③ 从 hvInfo 中提取主车的 x 坐标和 y 坐标、速度、航向角、尺寸和车辆类型，并将其赋值给相应的变量。

④ 判断主车速度是否大于道路限速 spdLmt，如果是，则将 warningFlag 设为 1，并将 adviser 设为 slow_down。

⑤ 最终返回 warningFlag 和 adviser 作为函数输出。

下面给出了基于 Python 的 SLW 算法实现示例代码，供读者在学习时参考。

```python
def doSLW(hvInfo:Hv_Info, spdLmt:float):
    """
    Args:
        hvInfo (Hv_Info): [description]
        spdLmt (float): [description]
    Returns:
        int: [description]
    """
    warningFlag = 0
    adviser = Advise.keep

    # 主车 hv 信息
    # xy 坐标
    hv_x, hv_y = my_gps2xyz_ver2(hvInfo.lle.longitude_, hvInfo.lle.latitude_)
    # 速度
    hv_speed = hvInfo.speed
    # 航向角
    hv_heading = hvInfo.mv.angle_
    # 尺寸
    hv_width, hv_length = hvInfo.size.width_, hvInfo.size.length_
    # 车辆类型
    hv_class = hvInfo.vehClass

    spdLmt = spdLmt / 3.6

    if hv_speed >(spdLmt + 3):
```

限速预警算法代码

```
27.          warningFlag = 1
28.          adviser = Advise.slow_down
29.
30.     return warningFlag, adviser
```

7.3 紧急车辆提醒技术

7.3.1 紧急车辆提醒的定义

紧急车辆提醒(Emergency Vehicle Warning,EVW)是指,主车(HV)在行驶过程中,收到紧急车辆提醒,以对消防车、救护车、警车或其他紧急呼叫车辆进行让行。EVW 应用使 HV 实现对消防车、救护车、警车或其他紧急呼叫车辆的让行。

7.3.2 紧急车辆提醒的主要场景

当紧急车辆 RV 接近 HV 时,提示 HV 让行的典型场景如图 7.2 所示,具体描述如下。
① HV 行驶中,紧急车辆 RV 接近 HV。
② HV 和紧急车辆 RV 需具备短程无线通信能力。
③ HV 收到紧急车辆 RV 提醒时,对其进行让行。

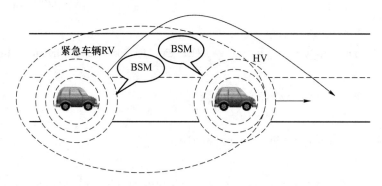

图 7.2 当紧急车辆 RV 接近 HV 时,提示 HV 让行

7.3.3 紧急车辆提醒的基本工作原理与算法实现

EVW 的基本工作原理如下。
① 分析接收到的紧急车辆 RV 的消息,筛选出位于 HV 受影响区域的紧急车辆 RV。
② 将处于一定范围内的紧急车辆 RV 作为优先让行紧急车辆。

③ 计算优先让行紧急车辆 RV 到达的时间和距离。

本书实现 EVW 算法的具体思路如下。

① 定义一个函数 doEVW,它接受两个参数:hvInfo 和 rvInfo。hvInfo 和 rvInfo 分别表示主车和远车的信息。

② 函数内部首先初始化两个变量:warning_flag 和 adviser。warning_flag 表示预警等级,其中 0 表示无须预警,2 表示需要变道预警。adviser 表示建议类型,其中 keep 表示保持当前状态,lane_change 表示进行变道。

③ 分别从 hvInfo 和 rvInfo 中提取主车和远车的 x 坐标和 y 坐标、速度、航向角、尺寸和车辆类型,以及远车的刹车、灯光和 abs 状态,并将其赋值给相应的变量。

④ 调用 my_calc_distance 自定义函数,计算主车和远车之间的纵向、横向和直线距离以及相对位置关系。

⑤ 若主车和远车同时满足以下 3 个条件,则将 warning_flag 设为 1,并进行下一步判断:远车是紧急车辆、主车速度大于 0.1 且远车与主车后方的距离小于 80 m。

⑥ 若两车位于同一车道且远车位于主车后方 20 m 范围内,则将 warning_flag 设为 2,并将 adviser 设为 lane_change。

⑦ 最终返回 warning_flag 和 adviser 作为函数输出。

下面给出了基于 Python 的 EVW 算法实现示例代码,供读者在学习时参考。

```
1.   def doEVW(hvInfo:Hv_Info, rvInfo:Hv_Info):
2.       warning_flag = 0
3.       adviser = Advise.keep
4.
5.       #主车 hv 信息
6.       #xy 坐标
7.       hv_x, hv_y = my_gps2xyz_ver2(hvInfo.lle.longitude_, hvInfo.lle.latitude_)
8.       #速度
9.       hv_speed = hvInfo.speed
10.      #航向角
11.      hv_heading = hvInfo.mv.angle_
12.      #尺寸
13.      hv_width, hv_length = hvInfo.size.width_, hvInfo.size.length_
14.      #车辆类型
15.      hv_class = hvInfo.vehClass
16.
17.      #远车 rv 信息
18.      #xy 坐标
19.      rv_x, rv_y = my_gps2xyz_ver2(rvInfo.lle.longitude_, rvInfo.lle.latitude_)
```

```
20.    #速度
21.    rv_speed = rvInfo.speed
22.    #航向角
23.    rv_heading = rvInfo.mv.angle_
24.    #尺寸
25.    rv_width, rv_length = rvInfo.size.width_, rvInfo.size.length_
26.    #车辆类型
27.    rv_class = rvInfo.vehClass
28.    #刹车状态
29.    rv_brake = rvInfo.brakeSys.brake_pedal_status_
30.    #灯光状态
31.    rv_light = rvInfo.vehLight.hazardSignalOn
32.    #abs状态
33.    rv_abs = rvInfo.brakeSys.antilock_brake_status_
34.
35.    longi_dist, lati_dist, dist = my_calc_distance([hv_x, hv_y, hv_heading], [rv_x, rv_y, rv_heading])
36.
37.    if (60 <= rv_class <= 70) and (hv_speed > 0.1) and (-80 <= longi_dist <= 0):
38.        warning_flag = 1
39.        if (abs(lati_dist) < DEFAULT_LANE_WIDTH) and (-20 <= longi_dist <= 0):
40.            warning_flag = 2
41.            adviser = Advise.lane_change
42.
43.    return warning_flag, adviser
```

紧急车辆提醒算法代码

7.4 道路危险状况提示技术

7.4.1 道路危险状况提示的定义

道路危险状况提示（Hazardous Location Warning，HLW）是指，主车（HV）行驶到有潜在危险状况（如桥下存在较深积水、路面有深坑、道路湿滑、前方急转弯等）路段，存在发生事故风险时，HLW应用对HV驾驶员进行预警。HLW应用适用于城市道路、郊区道路和高速公路等容易发生危险状况的路段以及临时性存在道路危险状况的路段。

HLW应用将道路危险状况及时通知周围车辆，便于驾驶员提前进行处置，提高车辆对危险路况的感知能力,降低驶入该危险区域的车辆发生事故的风险。

7.4.2 道路危险状况提示的主要场景

当道路存在危险状况时,附近 RSU 或临时路侧设备对外广播道路危险状况提示信息,包括位置、危险类型、危险描述等,行经该路段的 HV 根据信息及时采取避让措施,避免发生事故,如图 7.3 所示。

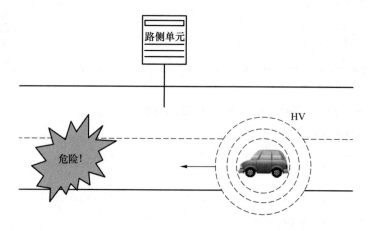

图 7.3 道路危险的主要场景

7.4.3 道路危险状况提示的基本工作原理与算法实现

HLW 的基本工作原理如下。

① 具备短程无线通信能力的 RSU 周期性对外广播道路危险状况提示信息。

② HV 依据自身位置信息和道路危险状况提示信息,计算自己与道路危险区域的距离。

③ HV 依据当前速度计算自己到达道路危险区域的时间。

④ 系统通过 HMI 对驾驶员进行及时的预警。

本书实现 HLW 算法的具体思路如下。

① 定义一个函数 doHLW,它接受两个参数:hvInfo 和 rteInfo。hvInfo 表示主车信息,rteInfo 表示 RSI。

② 函数内部首先初始化一个变量:warning_flag。warning_flag 表示预警等级,其中 0 表示无须预警,1 表示需要道路危险状况提示预警。

③ 从 hvInfo 中提取主车的 x 坐标和 y 坐标、速度、航向角、尺寸和车辆类型,从 rteInfo 中提取危险路况或道路施工范围,并将其赋值给相应的变量。

④ 调用 distance 函数,计算主车和危险路段之间的距离。

⑤ 若距离小于安全阈值,则将 warning_flag 设为 1。

⑥ 最终返回 warning_flag 作为函数输出。

下面给出了基于 Python 的 HLW 算法实现示例代码,供读者在学习时参考。

```python
1.  def doHLW(hvInfo:Hv_Info, rteInfo:s_RSI):
2.      """
3.      Args:
4.          hvInfo (Hv_Info): [description]
5.          rteInfo (s_RSI): [description]
6.      """
7.      warningFlag = 0
8.
9.      # 主车 hv 信息
10.     # xy 坐标
11.     hv_x, hv_y = my_gps2xyz_ver2(hvInfo.lle.longitude_, hvInfo.lle.latitude_)
12.     # 速度
13.     hv_speed = hvInfo.speed
14.     # 航向角
15.     hv_heading = hvInfo.mv.angle_
16.     # 尺寸
17.     hv_width, hv_length = hvInfo.size.width_, hvInfo.size.length_
18.     # 车辆类型
19.     hv_class = hvInfo.vehClass
20.
21.     # 道路施工信息
22.     # 涉及范围(两个圆平移覆盖的范围)
23.     radius = rteInfo.radius
24.     # 开始点
25.     s_x, s_y = my_gps2xyz_ver2(rteInfo.startLLE.longitude_, rteInfo.startLLE.latitude_)
26.     # 结束点
27.     e_x, e_y = my_gps2xyz_ver2(rteInfo.endLLE.longitude_, rteInfo.endLLE.latitude_)
28.
29.     dist_2s = distance([s_x, s_y], [hv_x, hv_y])
30.
31.     if (dist_2s < 3 * radius):
32.         warningFlag = 1
33.
34.     return warningFlag
```

道路危险状况
提示算法代码

7.5 前方拥堵提醒技术

7.5.1 前方拥堵提醒的定义

前方拥堵提醒(Traffic Jam Warning,TJW)是指,主车(HV)行驶前方发生交通拥堵状况,RSU 将拥堵路段信息发送给 HV,TJW 应用将对驾驶员进行提醒。TJW 应用适用于城市及郊区普通道路及高速公路拥堵路段的预警。

TJW 应用提醒驾驶员前方路段拥堵,有助于驾驶员合理制订行车路线,提高道路通行效率。

7.5.2 前方拥堵提醒的主要场景

TJW 的主要场景如下:HV 从远处接近相应的 RSU,RSU 周期性广播局部道路拥堵数据信息;TJW 应用根据上述信息,结合本车的定位和行驶状态,计算出本车在路网中的位置,并判断前方是否有拥堵,如果有,则对驾驶员进行前方拥堵的提示。

7.5.3 前方拥堵提醒的基本工作原理与算法实现

TJW 的基本工作原理如下。

① HV 根据收到的道路数据,以及本车的定位和运行数据,判定本车在路网中所处的位置和运行方向。

② 判断车辆前方道路是否有交通拥堵。若有,则直接提醒驾驶员。

本书实现 TJW 算法的具体思路如下。

① 定义一个函数 doTJW,它接受两个参数:hvInfo 和 rteInfo。hvInfo 表示主车信息,rteInfo 表示 RSI。

② 函数内部首先初始化一个变量:warning_flag。warning_flag 表示预警等级,其中 0 表示无须预警,1 表示前方拥堵提醒。

③ 从 hvInfo 中提取主车的 x 坐标和 y 坐标、速度、航向角、尺寸、车辆类型和所在车道,从 rteInfo 中提取道路拥堵状况和拥堵范围,并将其赋值给相应的变量。

④ 调用 distance 函数,计算主车和拥堵路段之间的距离及相对位置关系。

⑤ 若距离小于所设阈值且主车位于拥堵路段所在车道,则将 warning_flag 设为 1。

⑥ 最终返回 warning_flag 作为函数输出。

下面给出了基于 Python 的 TJW 算法实现示例代码,供读者在学习时参考。

```python
1.  def doTJW(hvInfo:Hv_Info, rteInfo:s_RSI):
2.      """
3.      Args:
4.          hvInfo (Hv_Info): [description]
5.          rteInfo (s_RSI): [description]
6.      """
7.      warningFlag = 0
8.
9.      # 主车 hv 信息
10.     # xy 坐标
11.     hv_x, hv_y = my_gps2xyz_ver2(hvInfo.lle.longitude_, hvInfo.lle.latitude_)
12.     # 速度
13.     hv_speed = hvInfo.speed
14.     # 航向角
15.     hv_heading = hvInfo.mv.angle_
16.     # 尺寸
17.     hv_width, hv_length = hvInfo.size.width_, hvInfo.size.length_
18.     # 车辆类型
19.     hv_class = hvInfo.vehClass
20.     # 所在车道
21.     hv_lane = hvInfo.lane
22.
23.     # 道路拥堵信息
24.     # 涉及范围(两个圆平移覆盖的范围)
25.     radius = rteInfo.radius
26.     Lane = rteInfo.lane
27.     # 开始点
28.     s_x, s_y = my_gps2xyz_ver2(rteInfo.startLLE.longitude_, rteInfo.startLLE.latitude_)
29.     # 结束点
30.     e_x, e_y = my_gps2xyz_ver2(rteInfo.endLLE.longitude_, rteInfo.endLLE.latitude_)
31.
32.     dist_2s = distance([s_x, s_y], [hv_x, hv_y])
33.
34.     if (dist_2s < 3 * radius) and (hv_lane == Lane):
35.         warningFlag = 1
36.
37.     return warningFlag
```

前方拥堵提醒
算法代码

7.6 交通事件场景应用台架实验

交通事件场景
应用台架实验

7.6.1 实验目的

① 通过对交通事件场景进行实验操作,熟悉不同交通事件场景的关键指标参数。
② 了解交通事件场景的算法配置。
③ 了解交通事件场景算法的代码实现,尝试对场景算法进行修改和设计。

7.6.2 实验原理

本实验以道路施工预警、限速预警和紧急车辆预警为例对交通事件场景应用进行说明,前方拥堵提醒与道路施工预警较为类似,此处不再作介绍。

(1) 道路施工预警

场景介绍:主车支持通过 C-V2X 通信,获取路侧设备共享的信息。临近施工区域时,主车接收 RSU 广播的道路施工 RSI,获得 RSU 和施工区域的位置,判断是否进行道路施工预警,若存在发生事故风险,则对驾驶员进行预警,当主车通过施工区域后,道路施工预警信息取消。

道路施工预警算法的原理如图 7.4 所示。

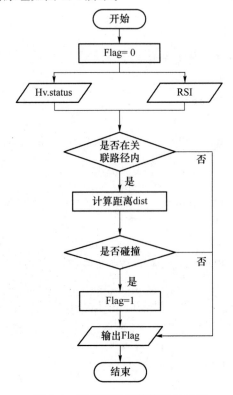

图 7.4 道路施工预警算法的原理

其数据流程如图 7.5 所示。

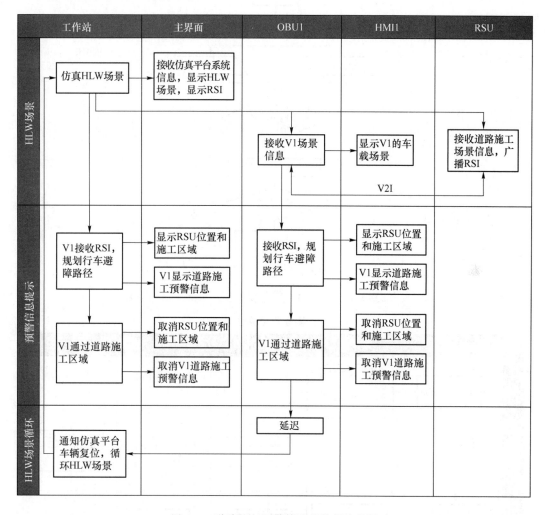

图 7.5 道路施工预警算法的数据流程图

(2) 限速预警

场景介绍：主车支持通过 C-V2X 通信,获取路侧设备共享的信息。主车接收 RSU 广播的 MAP,获取地图数据以及道路限速。若主车位于地图数据中的某条道路,则判断主车是否超速;若超速,则对驾驶员进行预警。当主车速度低于限速后,预警信息取消。

限速预警算法的原理如图 7.6 所示。

其数据流程如图 7.7 所示。

(3) 紧急车辆预警

场景介绍：主车和远车均支持通过 C-V2X 通信交互自身位置和运行状态信息。若远车是紧急车辆或特殊车辆,则判断远车是否位于主车同一车道后方且距离小于阈值;若存在影响紧急车辆前行的可能,则显示紧急车辆预警信息,提醒主车驾驶员对紧急车辆让行。

紧急车辆预警算法的原理如图 7.8 所示。

其数据流程如图 7.9 所示。

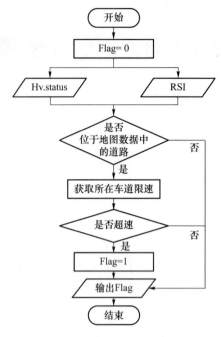

图 7.6 限速预警算法的原理

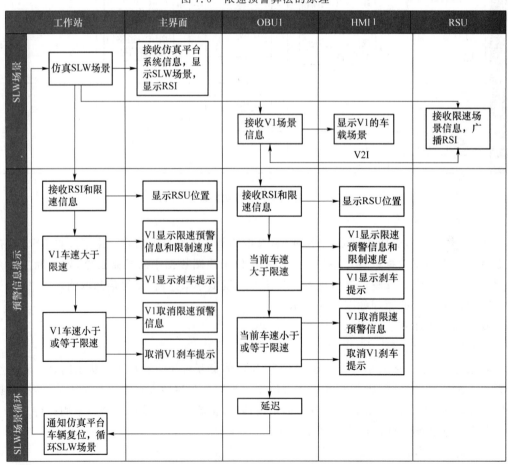

图 7.7 限速预警算法的数据流程图

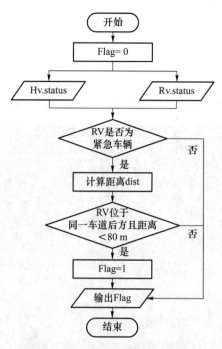

图 7.8 紧急车辆预警算法的原理

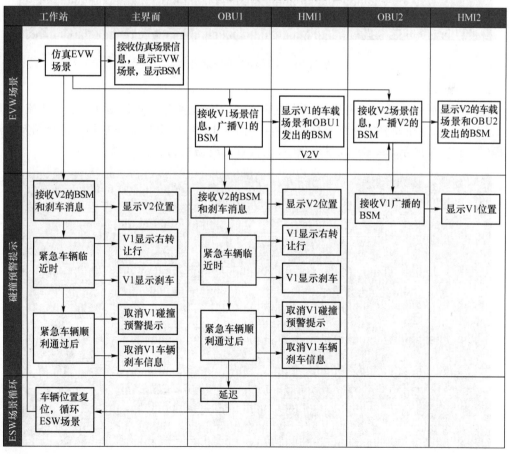

图 7.9 紧急车辆预警算法的数据流程图

7.6.3 实验内容

1)步骤一

如图 7.10 所示,在主菜单下单击"交通事件类场景实验"进入本次实验。

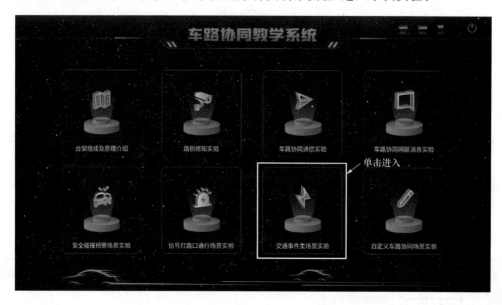

图 7.10　交通事件类场景实验

2)步骤二

进入实验后可以通过单击切换实验场景,分别了解道路施工预警的介绍及算法流程(如图 7.11 所示)、限速预警的介绍及算法流程(如图 7.12 所示)和紧急车辆预警的介绍及算法流程(如图 7.13 所示),单击"场景示例"可以查看对应场景的实验示例。

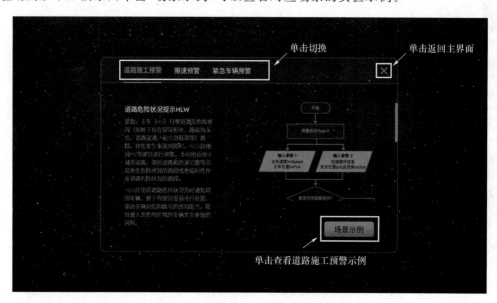

图 7.11　道路施工预警的介绍及算法流程图

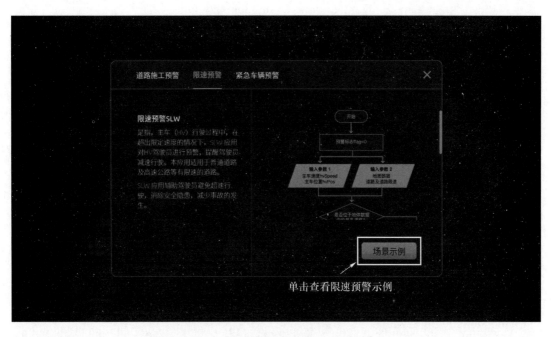

图 7.12　限速预警的介绍及算法流程图

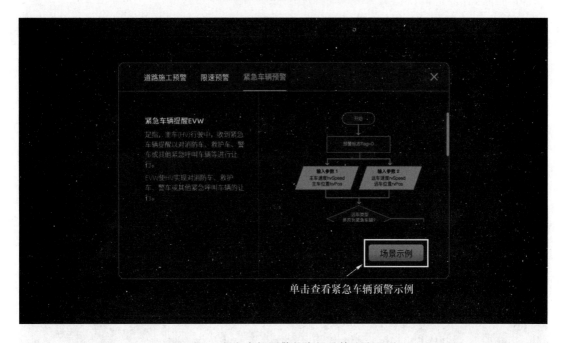

图 7.13　紧急车辆预警的介绍及算法流程图

3）步骤三

选择不同场景查看实验示例。

（1）道路施工预警

① 进入道路施工预警场景示例后，系统首先以默认参数进行仿真，界面主体为仿真场景，左侧显示相关消息，当触发预警时弹出警报，如图 7.14 所示。

图 7.14　道路施工预警场景示意图

② 单击"参数配置"弹出参数编辑窗口,如图 7.15 所示,输入相关参数后单击"确定",系统根据新参数重新进行仿真并加载仿真界面。

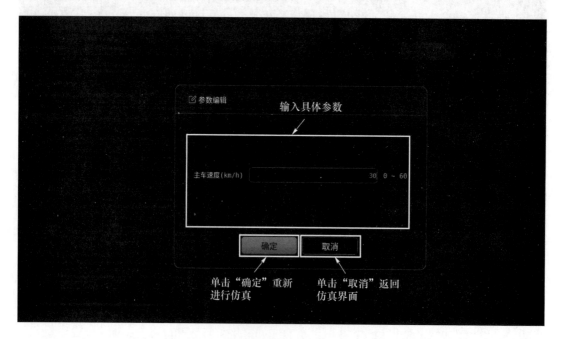

图 7.15　道路施工预警参数编辑

③ 通过配置不同参数进行多次实验,观察、记录、比较实验结果,得出实验结论,实验结束后可以单击右上角的"返回"按钮返回上级菜单。

第 7 章 智能网联驾驶交通事件场景应用

（2）限速预警

① 进入限速预警场景示例后，系统首先以默认参数进行仿真，界面主体为仿真场景，左侧显示相关消息，当触发预警时弹出警报，如图 7.16 所示。

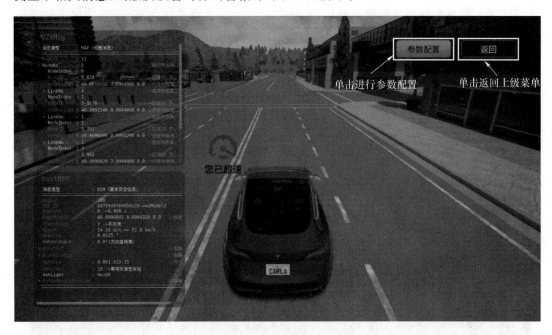

图 7.16　限速预警场景示意图

② 单击"参数配置"弹出参数编辑窗口，如图 7.17 所示，输入相关参数后单击"确定"，系统根据新参数重新进行仿真并加载仿真界面。

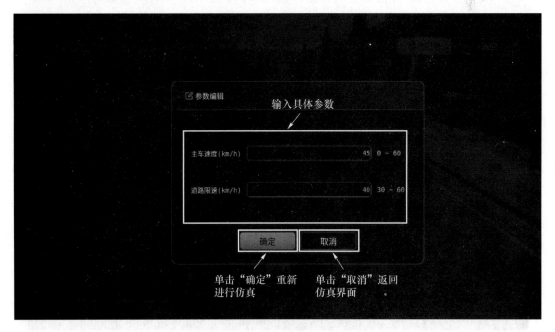

图 7.17　限速预警参数编辑

③ 通过配置不同参数进行多次实验，观察、记录、比较实验结果，得出实验结论，实验结束后可以单击右上角的"返回"按钮返回上级菜单。

（3）紧急车辆预警

① 进入紧急车辆预警场景示例后，系统首先以默认参数进行仿真，界面主体为仿真场景，左侧显示相关消息，当触发预警时弹出警报，如图 7.18 所示。

图 7.18 紧急车辆预警场景示意图

② 单击"参数配置"弹出参数编辑窗口，如图 7.19 所示，输入相关参数后单击"确定"，系统根据新参数重新进行仿真并加载仿真界面。

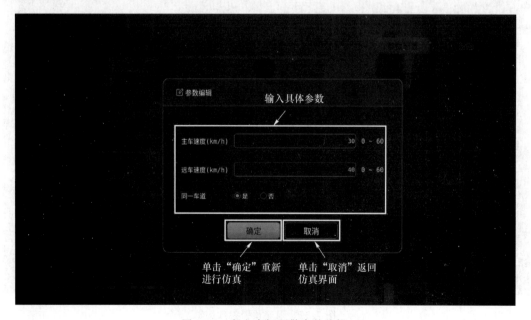

图 7.19 紧急车辆预警参数编辑

③ 通过配置不同参数进行多次实验,观察、记录、比较实验结果,得出实验结论,实验结束后可以单击右上角的"返回"按钮返回上级菜单。

4) 步骤四

可以在实验选择界面多次进入不同实验以加深理解,或者在结束实验后单击"×"返回主界面。

思 考 题

1. 总结交通事件场景应用的关键判定过程。
2. 请结合前面基本消息类型考虑交通事件场景应用需要哪些基本消息类型做支撑。
3. 除了本书介绍的几种交通事件场景,试列举出 1 到 2 种其他的交通事件场景,并简要阐述其基本原理。
4. 根据交通事件场景应用的工作原理和算法实现,分析它们与碰撞预警场景以及信号灯路口场景的异同。

参 考 文 献

[1] 2022年我国机动车保有量达4.17亿辆[EB/OL]. http://www.gov.cn/xinwen/2023-01/11/content_5736176.htm.

[2] 陈山枝. 蜂窝车联网(C-V2X)及其赋能智能网联汽车发展的辩思与建议[J]. 电信科学，2022，38(7):17.

[3] Levinson J，Askeland J，Becker J，et al. Towards fully autonomous driving: systems and algorithms[C]//2011 IEEE Intelligent Vehicles Symposium (IV). IEEE, 2011: 163-168.

[4] Nastjuk I，Herrenkind B，Marrone M，et al. What drives the acceptance of autonomous driving? An investigation of acceptance factors from an end-user's perspective[J]. Technological Forecasting and Social Change, 2020, 161: 120319.

[5] 杨放春，王尚广，李静林，等. 车联网综述(英文)[J]. 中国通信，2014,11(10):1-15.

[6] Kenney J B. Dedicated short-range communications (DSRC) standards in the United States[J]. Proceedings of the IEEE, 2011, 99(7):1162-1182.

[7] Chen S，Hu J，Shi Y，et al. A vision of C-V2X: technologies, field testing, and challenges with chinese development[J]. IEEE Internet of Things Journal, 2020, 7(5): 3872-3881.

[8] Shadrin S S，Ivanova A A. Analytical review of standard Sae J3016 "taxonomy and definitions for terms related to driving automation systems for on-road motor vehicles" with latest updates[J]. Avtomobil'. Doroga. Infrastruktura., 2019, 3(21): 10.

[9] 国家智能网联创新中心. 车路云一体化系统白皮书[R/OL]. https://www.iotku.com/News/785932613352161280.html.

[10] 技术分享|无人驾驶的眼睛[EB/OL] https://zhuanlan.zhihu.com/p/586343440.

[11] 崔胜民. 智能网联汽车新技术[M]. 北京：化学工业出版社，2016.

[12] Taraba M，Adamec J，Danko M，et al. Utilization of modern sensors in autonomous vehicles[C]//2018 ELEKTRO. IEEE, 2018: 1-5.

[13] Khan S，Rahmani H，Shah S A A，et al. A guide to convolutional neural networks for computer vision[J]. Synthesis Lectures on Computer Vision, 2018, 8(1):

1-207.

[14] Zou Q,Sun Q,Chen L,et al. A comparative analysis of LiDAR SLAM-based indoor navigation for autonomous vehicles[J]. IEEE Transactions on Intelligent Transportation Systems,2021.

[15] Bishop C M,Nasrabadi N M. Pattern recognition and machine learning[M]. New York:Springer,2006.

[16] Guo Y,Wang H,Hu Q,et al. Deep learning for 3d point clouds:a survey[J]. IEEE Transactions on Pattern Analysis and Machine Intelligence,2020,43(12):4338-4364.

[17] Garcia M H C,Molina-Galan A,Boban M,et al. A tutorial on 5G NR V2X communications[J]. IEEE Communications Surveys & Tutorials,2021,23(3):1972-2026.

[18] 崔胜民. 智能网联汽车新技术[M]. 北京:化学工业出版社,2016.

[19] Chen S,Hu J,Shi Y,et al. Vehicle-to-everything(V2X) services supported by LTE-based systems and 5G[J]. IEEE Communications Standards Magazine,2017,1(2):70-76.

[20] 陈山枝,胡金玲,等. 蜂窝车联网(C-V2X)[M]. 北京:人民邮电出版社,2021.

[21] 3GPP S2-153355. New SID on architecture enhancements for LTE support of V2X services[Z]. 2015.

[22] 3GPP TS 23.285,v14.9.0. Architecture enhancements for V2X services[S]. 2015.

[23] 陈山枝,时岩,胡金玲. 蜂窝车联网(C-V2X)综述[J]. 中国科学基金,2020,34(2):179-185.

[24] 陈山枝,胡金玲,时岩,等. LTE-V2X 车联网技术、标准与应用[J]. 电信科学,2018,34(4):7-17.

[25] 3GPP TS 36.321,v14.7.0. E-UTRA;Medium access control (MAC) protocol specification[S]. 2018.

[26] 3GPP TS 23.287,v16.2.0. Architecture enhancements for 5G system (5GS) to support vehicle-to-everything (V2X) services[S]. 2020.

[27] 3GPP R1-1905012. Physical layer procedures for sidelink[Z]. 2019.

[28] 3GPP TS 38.213,v16.1.0. Physical layer procedures for control[S]. 2020.

[29] 3GPP TS 38.215,v16.1.0. Physical layer measurements[S]. 2020.

[30] Duan W,Gu J,Wen M,et al. Emerging technologies for 5G-IoV networks:applications,trends and opportunities[J]. IEEE Network,2020,34(5):283-289.

[31] 中国汽车工程学会.合作式智能运输系统 车用通信系统 应用层及应用数据交互标准[S]. 2017.

[32] 中国汽车工程学会.合作式智能运输系统 车用通信系统应用层及应用数据交互标准

（第一阶段）：T/CSAE53-2020[S]. 2020.

[33] 中国通信标准化协会. 基于LTE的车联网无线通信技术消息层技术要求：YD/T 3709-2020[S]. 2020.

[34] 中国汽车工程学会. 合作式智能运输系统 车用通信系统应用层及应用数据交互标准（第二阶段）：T/CSAE157-2020[S]. 2020.

[35] 中国汽车工程学会. 基于车路协同的高等级自动驾驶数据交互内容：T/CSAE158-2020[S]. 2020.

缩 略 语

3GPP 第三代合作伙伴计划(The 3rd Generation Partnership Project)
ADAS 先进驾驶辅助系统(Advanced Driver Assistance System)
ADS 自动驾驶系统(Automated Driving System)
ALKS 自动车道保持系统(Automated Lane Keeping System)
CCSA 中国通信标准化协会(China Communications Standards Association)
C-ITS 中国智能交通产业联盟(China ITS Industry Alliance)
CSAE 中国汽车工程学会(Society of Automotive Engineers-China)
C-V2X 蜂窝车联网通信(Cellular Vehicle to Everything)
DSRC 专用短程通信(Dedicated Short Range Communication)
eMBB 增强移动宽带(Enhanced Mobile Broadband)
eNB 演进型基站(Evolved Node B)
FOT 现场操作测试(Field Operational Test)
ISAD 自动驾驶的基础设施支持级别(Infrastructure Support Levels for Automated Driving)
ISO 国际标准化组织(International Organization for Standardization)
ITS 智能交通系统(Intelligent Transportation System)
ITU-T 国际电信联盟电信标准部(International Telecommunications Union-Telecommunication Standardization Sector)
MEC 边缘计算(Mobile Edge Computing)
OBU 车载单元(On-Board Unit)
RSU 路侧单元(Road Side Unit)
URLLC 低时延高可靠通信(Ultra-Reliable Low-Latency Communications)
V2I 车与路之间的交互(Vehicle to Infrastructure)
V2N 车与网络之间的交互(Vehicle to Network)
V2P 车与行人的交互(Vehicle to Person)
V2V 车与车之间的交互(Vehicle to Vehicle)
V2X 车联万物(Vehicle to Everything)
VRU 弱势道路使用者(Vulnerable Road Users)
ODD 运行设计域(Operational Design Domain)
LNA 低噪声放大器(Low Noise Amplifier)
VCO 压控振荡器(Voltage Controlled Oscillator)

BPF	带通滤波器（Band Pass Filter）
LPF	低通滤波器（Low Pass Filter）
FFT	快速傅里叶变换（Fast Fourier Transform）
SSM	感知共享消息（Sensor Sharing Message）
VIR	车辆意图和请求（Vehicle Intention and Request）
RSC	路侧协调消息（Road Side Coordination）
RTCM	差分信号格式（Radio Technical Commission for Maritime Service）
PAM	停车场地图消息（Parking Area Map）
BSM	基本安全消息（Basic Safety Message）
PSM	个体安全消息（Personal Safety Message）
CLPMM	编队管理消息（Connectionless Platooning Management Message）
VPM	车辆支付消息（Vehicle Payment Message）
CIM	协同交互消息（Collaborative Interaction Message）
RSCV	路侧控制车辆（Roadside Control Vehicle）
RAM	路辆辅助自动驾驶消息（Roadside for Autonomous Driving Message）